Leopold Joseph Fitzinger

Über die Rassen des zahmen Schafes

Zweiter Teil

Leopold Joseph Fitzinger

Über die Rassen des zahmen Schafes
Zweiter Teil

ISBN/EAN: 9783744608978

Hergestellt in Europa, USA, Kanada, Australien, Japan

Cover: Foto ©Andreas Hilbeck / pixelio.de

Weitere Bücher finden Sie auf **www.hansebooks.com**

ÜBER DIE
RACEN DES ZAHMEN SCHAFES.

VON

Dr. L. J. FITZINGER,
WIRKLICHEM MITGLIEDE DER K. AKADEMIE DER WISSENSCHAFTEN.

(Aus dem XXXIX. Bande, S. 343, der Jahrganges 1860 der Sitzungsberichte der mathem.-naturw. Classe der kais. Akademie der Wissenschaften besonders abgedruckt.)

II. ABTHEILUNG.

WIEN.
AUS DER K. K. HOF- UND STAATSDRUCKEREI.

IN COMMISSION BEI KARL GEROLD'S SOHN, BUCHHÄNDLER DER KAISERLICHEN AKADEMIE DER WISSENSCHAFTEN.
1860.

III. SITZUNG VOM 19. JÄNNER 1860.

Herr C. W. Zenger, Lehrer der Physik am Gymnasium zu Neusohl, übersendet eine Abhandlung: „Grundzüge einer physikalisch-mechanischen Theorie der Lichtbewegung".

Herr Prof. Brücke überreicht zwei Mittheilungen aus dem physiologischen Institute der Universität zu Pest vom Herrn Prof. Czermak: „Über den Einfluss der Vagusdurchschneidung auf die Lage des Herzens" und „Über die Wirkung der Atropins auf die Iris".

Das correspondirende Mitglied Herr Prof. K. Langer hält einen Vortrag: „Über das Kiefergelenke des Menschen".

Herr Dr. Stricker theilt die Resultate seiner im physiologischen Institute an der Wiener Universität ausgeführten Untersuchungen mit, über: „Die Entwicklungsgeschichte von *Bufo cinereus*, l. bis zum Erscheinen der äusseren Kiemen". Die betreffende Abhandlung wird in den Denkschriften der Classe erscheinen.

An Druckschriften wurden vorgelegt:

Accademia pontificia de nuovi Lincei. Atti, anno XII, sess. 4 del 13 Marzo 1859. Roma; 4°·

Annalen der Chemie und Pharmacie, herausgegeben von F. Wöhler, J. Liebig und H. Kopp. Neue Folge, Bd. XXXVI, Heft 2, November. Leipzig und Heidelberg, 1859; 8°·

Annales academici pro anno 1855 et 1856. Lugduni-Batavorum, 1859; 4°·

Archiv für Mathematik und Physik, herausgegeben von J. A. Grunert. Theil XXXIII, Heft 4. Greifswald, 1859; 8°·

Association, The, Dublin University zoological et botanical. Vol I, part 1, 2. Dublin, 1858, 1859; 8°·

Astronomische Nachrichten, Nr. 1230. Altona, 1860; 4°·

Bericht, amtlicher, über die dreiunddreissigste Versammlung deutscher Naturforscher und Ärzte in Bonn im September 1857. Herausgegeben von den Geschäftsführern J. Noeggerath und K. F. Kilian. Bonn, 1859; 4°·

Cosmos, IX Année, XVI vol. 2 livr. 13 janvier 1860. Paris; 8°·

Encke, J. F., Berliner astronomisches Jahrbuch für 1862. Berlin, 1859; 8°·

Freiburg im B. Universität. Akademische Gelegenheitsschriften für 1859.

Gazette médicale d'Orient publiée par la société I. de médecine de Constantinople. Année III, Nr. 8, 9. 1859; 4°·

Gesellschaft, deutsche geologische, in Berlin. Zeitschrift. Band XI, Heft 2. Berlin, 1859; 8°·

Maedler, Dr. J. H., Beobachtungen der kaiserlichen Universitätssternwarte Dorpat. Band XV, Abtheilung 1. Dorpat, 1859; 4°·

— Einladung zur Einweihungsfeier des Museums in Riga am 7. März 1859. Riga, 1858; 4°·

Marburg, Universität. Akademische Gelegenheitsschriften für 1859.

Natural history review, The, and Quarterly Journal of science. Vol. VI, Nr. 1, 2, 3. London, 1859; 8°·

Robinson, T. R., Places of 5,345 stars observed from 1828 to 1854 at the Armagh observatory. Dublin, 1859; 8°·

Verein, geognostisch-montanistischer für Steiermark. Neunter Bericht. Graz, 1859; 8°·

— österr. Ingenieur-, red. von Dr. J. Herr. Jahrgang XI, Heft 20, 11. Nov. 1859, Wien; 4°.

Über die Racen des zahmen Schafes.

Von dem w. M. Dr. L. J. Fitzinger.

II. ABTHEILUNG.

(Vorgetragen in der Sitzung vom 6. October 1859.)

Das Zackelschaf.
(Ovis Strepsiceros.)

Ovis Strepsiceros. Linné. Syst. nat. ed. XII. T. I. P. I. p. 98. Nr. 3.
Schaaf mit aufstehenden, schraubenartig gewundenen Hörnern. Pallas. Beschreib. d. sibir. Schaaf. p. 73.
Ovis Strepsiceros. Erxleben. Syst. regn. anim. T. I. p. 255. Nr. 4.
Ovis Aries Cretensis. Boddaert. Elench. Anim. Vol. I. p. 148. Nr. 2, γ.
Ovis Strepsiceros. Gmelin. Linné. Syst. nat. ed. XIII. T. I. P. I. p. 202. Nr. 3.
Ovis Strepsiceros. Walther. Racen u. Art. d. Schaafe. Annal. d. wetterau. Gesellsch. B. II. p. 78. II.
Ovis aries strepsiceros. Desmar. Mammal. p. 490. Nr. 741. Var. D.
Ovis aries. Mouton valachien. Lesson. Man. de Mammal. p. 400. Nr. 1048. 4.
Ovis Aries Strepsiceros. Isid. Geoffroy. Dict. class. d'hist. nat. T. XI. p. 269.
Capra Aries Strepsiceros. Fisch. Syn. Mammal. p. 492. Nr. 10. η.
Ovis Aries strepsiceros. Brandt u. Ratzeburg. Medic. Zool. B. I. p. 60. Nr. II.
Ovis Aries Strepsiceros. Fitz. Fauna. Beitr. z. Landesk. Österr. B. I. p. 321.
Ovis Aries. Var. 5. Ungarischer Hammel. Tilesius. Hausziege. Isis. 1835. p. 953. Nr. 5.
Aegoceros Ovis strepsiceros. Wagner. Schreber Säugth. B. V. Th. I. p. 1424. Nr. 12. IV. (zum Theile).
Mouton domestique. Var. d. Ovis aries strepsiceros. Desmar. D'Orbigny Dict. d'hist. nat. T. VIII. p. 415. Nr. 4. d.
Hausschaaf. Zackelschaaf. Pöppig. Illustr. Naturg. B. I. p. 265.

Das Zackelschaf ist ohne Zweifel eine selbstständige Art in der Gattung des Schafes, welche heut zu Tage nirgends mehr im wilden Zustande vorkommt und wahrscheinlich schon seit den ältesten

Zeiten vollständig in den Hausstand übergegangen ist. Ihre ursprüngliche Heimath scheint auf den südöstlichen Theil von Europa beschränkt zu sein, wo sie von Creta und den Inseln des griechischen Archipels über das Festland von Griechenland, durch die Türkei, die Moldau und Wallachei, bis nach Ungarn und Siebenbürgen hinaufreicht. Die wesentlichen Merkmale, wodurch sich diese Schafart von den übrigen Arten unterscheidet, sind schmale, zugespitzte und nach seitwärts gerichtete Ohren, sehr lange, schraubenförmig um sich selbst gewundene Hörner, die beiden Geschlechtern eigen sind und entweder fast parallel neben einander verlaufend sich gerade über den Scheitel erheben, oder von der Wurzel angefangen aus einander weichen, und bald ein mehr oder weniger langgezogenes Spiralgewinde darstellen, bald aber auch völlig gerade sind; ferners langes, zottiges, grobes und wolliges Haar, und ein ziemlich langer Schwanz, der bis über das Fersengelenk hinabreicht.

Man unterscheidet unter dem Zackelschafe vier verschiedene Racen: das **cretische Zackelschaf** (*Ovis Strepsiceros cretensis*), das **wallachische Zackelschaf** (*Ovis Strepsiceros dacicus*), das **türkische Zackelschaf** (*Ovis Strepsiceros turcicus*) und das **ungarische Rasko-Schaf** (*Ovis Strepsiceros arietinus*), von denen die beiden ersteren als Abänderungen zu betrachten sind, die auf klimatischen und Bodenverhältnissen beruhen, die letzteren aber unzweifelhaft Bastarde sind.

Das cretische Zackelschaf.
(*Ovis Strepsiceros cretensis.*)

Cretensis Aries Strepsiceros nominatus. Bellon. Observ. p. 20. f. p. 21.
Brebis des isles de l'Archipel et de l'isle de Candie. Buffon. Hist. nat. T. XI. p. 358.
Brebis strepsicheros ou mouton de Crète. Buffon. Hist. nat. T. XI. p. 362.
Cretan Sheep. Pennant. Syn. of Quadrup. p. 11. t. 3. f. 1.
Belier et Brebis de Valachie. Buffon. Hist. nat. Supplém. T. III. p. 66. t. 7, 8.
Schaaf mit aufstehenden, schraubenartig gewundenen Hörnern. Creta Schaaf. Pallas Beschreib. d. sibir. Schaaf. p. 73.
Schaf von den Inseln des Archipelagus und von der Insel Candien. Buffon. Martini. Naturg. d. vierf. Thiere. B. IX. p. 258.
Schaf Strepsikeros oder Schaf von Creta. Buffon, Martini. Naturg. d. vierf. Thiere. B. IX. p. 264.

Walachischer Widder und walachisches Schaf. Buffon, Martini. Naturg.
d. vierf. Thiere. B. IX. p. 321. t. 21, 22.
Brebis des iles de l'Archipel et de l'ile de Candie. Encyel. méth. p. 34.
Brebis strepsicheros ou mouton de Crète. Encyel. méth. p. 35.
Bélier Valachien. Encyel. méth. t. 74. f. 1. t. 48. f. A.
Brebis Valachienne. Encyel. méth. t. 47. f. 4.
Ovis Aries Strepsiceros. Var. a et b. Schreber. Säugth. t. 291. A, B.
Ovis rustica Turcica. Kretisches Schaaf. Walther. Racen u. Art. d. Schaafe.
Annal. d. wetterau. Gesellsch. B. II. p. 69. Nr. 13. e.
Ungarisches Schaf. Kretisches Schaf. Erdélyi. Zoophysiol. p. 102. A. bb.
Ovis aries strepsiceros. Mouton de l'ile de Crète. Desmar. Mammal. p. 490.
Nr. 741. Var. D.
Ovis Aries Strepsiceros. Fitz. Fauna. Beiträge z. Landesk. Österr. B. I.
p. 321.
Ovis Aries. Var. 5. Ungarischer Hammel. Cretisches Schaf. Tillesius. Hausziege. Isis. 1835. p. 953. Nr. 5.
Cretan breed. Jardine. Nat. Hist. of Rumin. Anim. P. II. p. 153.
Aegoceros Ovis strepsiceros. Zackelschaf von Kreta. Wagner. Schreber
Säugth. B. V. Th. I. p. 1425. Nr. 12. IV.
Ovis aries strepsiceros. Reichenb. Naturg. Wiederk. t. 56. f. 321.

Das cretische Zackelschaf ist eine von den beiden Hauptformen des Zackelschafes *(Ovis Strepsiceros)*, welche durch klimatische und Bodenverhältnisse bedingt sind. Seine ursprüngliche Heimath bilden die Insel Candia oder Creta und die Inseln des griechischen Archipels, doch wird es heut zu Tage nicht nur in manchen Gegenden auf dem Festlande von Griechenland, in der Türkei, der Moldau, Wallachei und im südlichen Theile von Ungarn gezogen, sondern auch selbst hie und da im westlichen Asien angetroffen. Auf der Insel Creta ist es hauptsächlich das Gebirge Ida, wo es in zahlreichen Heerden gehalten wird. In Griechenland und der Türkei ist es in ziemlicher Menge vorhanden, seltener dagegen in der Moldau und Wallachei, wo es durch das wallachische Zackelschaf ersetzt ist, und noch weit seltener im südlichen Ungarn, wo es meist nur vereinzelnt vorkommt.

Das cretische Zackelschaf ist von ziemlich grossem und ansehnlichem Körperbaue, indem es das deutsche Schaf an Grösse übertrifft und zeichnet sich, so wie alle zur selben Gruppe gehörigen Racen, durch seinen hoch emporgetragenen Kopf und seine edle Haltung aus. Sein Kopf ist etwas gestreckt, die Stirne sanft gewölbt und von dem gleichfalls schwach gewölbten Nasenrücken durch eine seichte Einbuchtung geschieden. Die Augen sind verhältnissmässig klein, die

Ohren mittellang, schmal, zugespitzt und nach seit- und etwas nach abwärts geneigt. Beide Geschlechter sind gehörnt, die Hörner, welche an der Basis nahe neben einander stehen, sehr lang, schraubenförmig von Aussen nach Innen um sich selbst gewunden, mehr oder weniger flachgedrückt, an der Vorderseite von einer stärkeren, auf der Hinterseite von einer schwächeren Längskante durchzogen und der Quere nach gerunzelt. Beim Männchen sind die Hörner nicht sehr flachgedrückt, beinahe dreiseitig, an der Wurzel ziemlich dick, verdünnen sich aber allmählich gegen die stumpfe Spitze. Sie steigen in gerader Richtung fast parallel neben einander vom Scheitel empor und stellen ein aus sieben Umgängen bestehendes Spiralgewinde dar, wovon der erste nach einwärts gerichtete Umgang der weiteste ist, die übrigen aber mehr langgezogen erscheinen. Beim Weibchen sind die Hörner etwas kürzer, viel mehr flachgedrückt und auch beträchtlich dünner als beim Männchen. Sie steigen in vollkommen gerader Richtung etwas schief nach rückwärts auf und weichen schon von der Wurzel angefangen seitlich aus einander, so dass ihre Spitzen sehr weit von einander entfernt stehen, wobei sie zugleich ein sehr langgezogenes Spiralgewinde von fünf Umgängen darstellen.

Der Hals ist ziemlich kurz und dick, und ohne Spur von herabhängenden Hautlappen oder sogenannten Glöckchen. Der Leib ist nur wenig gestreckt und voll, der Widerrist kaum etwas vorspringend, der Rücken schwach gesenkt und die gerundete Croupe etwas höher als der Widerrist. Die Beine sind ziemlich hoch und kräftig, die Hufe nicht sehr kurz und stumpf. Der mittellange Schwanz, welcher reichlich mit langen zottigen Haaren bedeckt ist, reicht bis zum Fersengelenke herab und mit dem Haare fast bis an den Boden. Die Behaarung des Körpers, welche aus sehr langem, ziemlich grobem, matt glänzendem Grannenhaare und kurzem mässig feinem Wollhaare besteht, ist am ganzen Körper, mit Ausnahme des Gesichtes, der Ohren und der Unterfüsse, welche mit kurzen, glatt anliegenden Haaren besetzt sind, sehr lang, reichlich und dicht, und das gewellte zottige Haar reicht bis an die oberen Beuggelenke der Beine. Die Färbung ist meistens schmutzig gelblichweiss, doch sind das Gesicht und die Unterfüsse, und bisweilen auch der ganze Kopf und selbst der angrenzende Theil des Halses, nicht selten schwarz. Die Hörner sind weisslich hornfarben, die Hufe graulichschwarz. Die Körperlänge beträgt beim erwachsenen Männchen 3 Fuss 6 Zoll, die Schulterhöhe 2 Fuss 4 Zoll, doch ist diese Grösse keineswegs beständig und wird bei vielen Thieren auch häufig nicht erreicht. Das Weibchen ist immer etwas kleiner.

Das cretische Zackelschaf wird von den Hirten, die seine Zucht betreiben, im Sommer auf den Gebirgen, im Winter in den Thälern gehalten. Sein Futter sucht es sich in der warmen Jahreszeit nur im Freien, und blos zur Zeit des Winters, wo es während der rauhesten Tage nicht auf die Weide getrieben werden kann, erhält es das Futter in den Ställen. Es erträgt mit grosser Leichtigkeit die Einflüsse der Witterung und erfordert überhaupt nur eine geringe Sorgfalt in der Pflege. Der Wollertrag ist ziemlich reichlich und aus der gewonnenen Wolle werden gröbere Gewebe verfertiget. Das grobfaserige, doch wohlschmeckende Fleisch, findet grossen Absatz in den Städten, wohin die Hirten ihre gemästeten und zum Schlachten bestimmten Hammeln auf den Markt bringen. Die Leichtigkeit, womit sich diese Schafrace schon in kurzer Zeit mästen lässt, macht sie vorzüglich zu diesem Gebrauche geeignet. Die Milch wird fast allenthalben zur Käsebereitung verwendet.

Das wallachische Zackelschaf.
(*Ovis Strepsiceros dacicus.*)

Schaaf mit aufstehenden, schraubenartig gewundenen Hörnern. Zakl Schaaf.
  Pallas. Beschreib. d. sibir. Schaaf. p. 73.
Ovis rustica Bohemica. Zäckel oder Zacken Schaaf. Walther. Racen u.
  Art. d. Schaafe. Annal. d. wetterau. Gesellsch. B. II. p. 68. Nr. 5. a.
Ovis rustica Ungarica. Eigentliches ungarisches Schaaf. Walther. Racen
  u. Art. d. Schaafe. Annal. d. wetterau. Gesellsch. B. II. p. 68. Nr. 6. a.
Ungarisches Schaf. Zaubelschaf oder Zackel. Erdelyi. Zoophysiol. p. 101.
  A. bb.
Ovis aries strepsiceros. Mouton de la Valachie et de l'Hongrie. Desmar.
  Mammal. p. 490. Nr. 741. Var. D.
Ovis Aries Strepsiceros. Fitz. Fauna. Beitr. z. Landesk. Österr. B. I. p. 321.
Ovis Aries. Var. 5. Ungarischer Hammel. Ungarisches Schaf. Tilesius.
  Hausziege. Isis. 1835. p. 953. Nr. 5.
Cretan breed. Wallachian breed. Jardine. Nat. Hist. of Rumin. Anim. P. II.
  p. 153.
*Aegoceros Ovis strepsiceros. Zackelschaf von Ungarn, Siebenbürgen, der
  Moldau und Wallachei.* Wagner. Schreber Säugth. B. V. Th. I.
  p. 1425. Nr. 12. IV.
Ovis aries torticornis. Reichenb. Naturg. Wiederk. T. 56. f. 322, 323.

Hausschaaf. Zackelschaaf. Wallachisches Schaaf. Pöppig. Illustr. Naturg. B. I. p. 205. f. sinistra. p. 261.
Zackelschaf. Schmidt. Schafzucht. p. 12. Nr. 3. t. 3.

Das wallachische Zackelschaf, das auch unter dem Namen **moldauisches** und **ungarisches Zackelschaf** bekannt ist, bildet die zweite, auf klimatischen und Bodenverhältnissen beruhende Abänderung des Zackelschafes *(Ovis Strepsiceros)* und gehört sowohl der Wallachei und Moldau, als auch Siebenbürgen und Ungarn an. Von Ungarn wurde es in der Folge weiter bis nach Österreich und selbst bis nach Böhmen verpflanzt, doch ist seine Zucht in Österreich schon seit mehr als zwanzig Jahren grösstentheils wieder aufgegeben worden und scheint dermalen daselbst beinahe gänzlich erloschen zu sein. In allen Ländern, wo das wallachische Zackelschaf gezogen wird, trifft man ungeheuere Heerden desselben an und insbesondere in der Wallachei und Moldau, und im südlichen Theile von Ungarn und Siebenbürgen.

In seinen Formen kommt das wallachische Zackelschaf beinahe vollkommen mit dem cretischen überein und unterscheidet sich von demselben hauptsächlich durch die geringere Grösse und die etwas verschiedene Bildung der Hörner. Der Kopf ist mittellang, die Stirne schwach gewölbt und durch eine seichte Einbuchtung von dem sanft gewölbten Nasenrücken geschieden. Die Augen sind klein, die Ohren von mässiger Länge, schmal, zugespitzt und zusammengeklappt, nach seitwärts gerichtet und etwas nach abwärts geneigt. Das Männchen sowohl als auch das Weibchen sind gehörnt. Bei beiden sind die Hörner von beträchtlicher Länge, vollkommen gerade und schraubenförmig um sich selbst gewunden. Sie stehen an ihrer Basis ziemlich dicht beisammen und wenden sich schon von der Wurzel an in schiefer Richtung nach rück- und aufwärts, wobei sie gleichzeitig seitlich aus einander weichen, daher auch ihre Spitzen sehr weit von einander entfernt stehen. Bisweilen sind dieselben, insbesondere aber bei weiblichen Thieren, so stark nach seitwärts geneigt, dass sie beinahe wagrecht gegen einander stehen. Übrigens sind die Hörner schlank, an der Wurzel dicker als im weiteren Verlaufe, stumpf zugespitzt, ziemlich stark flachgedrückt, auf der Vorderseite ihrer ganzen Länge nach von einer vorspringenden Kante durchzogen und auf der Oberfläche von Querrunzeln umgeben. Beim Widder sind dieselben länger, stärker, minder abgeflacht und das Schraubengewinde besteht meistens aus sieben Umgängen. Die etwas kürzeren, dünneren und mehr abgeflachten Hörner des Weibchens bieten eine geringere Zahl von Umgängen dar.

Der Hals ist ziemlich kurz und dick, ohne Spur von Glöckchen, der Leib nur wenig gestreckt, sehr dick und voll, der Widerrist kaum etwas vorspringend, der Rücken fast gerade und nur sehr schwach gesenkt, die Croupe rund und nur wenig höher als der Widerrist. Die Beine sind ziemlich hoch und kräftig, die Hufe kurz und stumpf. Der mittellange Schwanz, welcher mit dem Haare ziemlich weit über das Fersengelenk hinabreicht, ist lang, zottig und buschig behaart. Das Gesicht, die Ohren und die Unterfüsse sind mit kurzen, glatt anliegenden Haaren bedeckt, der ganze übrige Körper aber mit sehr langen, groben und zottigen wolligen Haaren, die ziemlich tief an den Seiten des Leibes und bis über die oberen Beuggelenke der Beine herabfallen. Das wollige Haar, das oft eine Länge von 10 Zoll erreicht, ist schlicht und noch gröber als beim cretischen Zackelschafe. In der Regel sind das Gesicht und meistens auch die Beine schwarz, bisweilen aber auch der ganze Kopf und selbst ein Theil des Halses, die übrigen Körpertheile hingegen schmutzigweiss und meistens in's Gelbliche ziehend. Doch ist die Färbung nicht selten auch einförmig schmutzigweiss. Die Körperlänge schwankt meist zwischen 2 Fuss 8 Zoll und 2 Fuss 11 Zoll, die Schulterhöhe zwischen 1 Fuss 8 Zoll und 1 Fuss 10 Zoll. Bisweilen kommen aber auch grössere Formen vor, bei denen die Körperlänge 3 Fuss bis 3 Fuss 6 Zoll, die Schulterhöhe 2 Fuss bis 2 Fuss 4 Zoll beträgt. Die Hörner des Männchens erreichen oft eine Länge von $^3/_4$ Ellen.

So wie das cretische, wird auch das wallachische Zackelschaf fast ausschliesslich nur von Hirtenvölkern gezogen. Es wird eben so wie das gemeine deutsche Landschaf gehalten und erfordert nur eine sehr geringe Pflege, da es wenig gegen die Einwirkungen der Witterung empfindlich ist und sich mit kärglichem und selbst verdorbenem Futter begnügt. Auf feuchten Weiden gedeiht es weit besser als die fein- und krauswolligen Schafracen, und erträgt die nasskalte Witterung auch viel leichter als diese. Im Sommer wird es in seiner Heimath in den Gebirgen auf die Weide getrieben und bringt den grössten Theil des Tages unter freiem Himmel zu. Nur zur Nachtzeit oder auch bei schlechter Witterung, sucht es in der

Regel Schutz in seinen Ställen. Den Winter dagegen bringen die Hirten mit ihren Heerden meist in den wärmeren Gegenden von Rumelien zu, indem sie schon vor Eintritt der rauheren Zeit mit denselben südwärts ziehen und zuweilen sogar fast bis an die Ufer des schwarzen Meeres gelangen. Die Zucht dieser Schafrace ist für die Hirtenvölker jener Gegenden von sehr grosser Wichtigkeit, und zwar sowohl in Bezug auf die Wolle und das Fell, als auch auf den Fleischertrag und die Verwendung der Milch. Die lange, schlichte grobe Wolle, welche bis 10 Zoll in der Länge hält und mit feinerem Flaume gemischt ist, wird als Kämmwolle zu Teppichen, Pferdedecken, Matratzen-Überzügen und anderen groben Zeugen verarbeitet, oder auch zur Verfertigung von Perrücken benützt. Der jährliche Ertrag an Wolle beträgt bei einem einzelnen Stücke durchschnittlich 3 Pfund, wovon der Centner mit 36 — 46 Silbergulden bezahlt wird. Das behaarte Fell bildet das Hauptkleidungsstück des gemeinen Ungars, Moldauers und Wallachen, insbesondere aber der Hirten, nämlich die Bunda oder den Schafspelz, und wird auch von den böhmischen Fuhrleuten als Pelzmantel im Winter getragen. Die gegerbte Haut gibt ein gutes weiches Leder.

Das Fleisch ist zwar grobfaserig, aber wohlschmeckend und kräftig. Da sich das wallachische Zackelschaf, insbesondere wenn es verschnitten wird, sehr gut zur Mästung eignet, und nicht nur an Fett, sondern auch sehr viel an Fleisch gewinnt, und nur kurze Zeit erfordert, um zu einem ansehnlichen Gewichte zu gelangen, so wird der grösste Theil der Widderlämmer verschnitten, als Hammeln auf den Weiden aufgezogen und gemästet, und endlich dann geschlachtet. Solche gemästete Hammeln erreichen ein Gewicht von 80 — 100 Pfund.

In früheren Zeiten wurden zahlreiche Heerden und selbst aus den tieferen Theilen von Ungarn, des Fleisches wegen regelmässig nach Österreich und bis nach Wien auf den Markt getrieben, wo das Hammelfleisch dieser Race durch viele Jahre hindurch den grössten Theil des Schaffleisches auf diesem Markte bildete. Seit ungefähr dem zweiten Decennium des gegenwärtigen Jahrhunderts hat dieser Zutrieb jedoch allmählich so bedeutend abgenommen, dass es dermalen schon zu einer Seltenheit gehört, einzelne wallachische Zackelschafe unter einer Schafheerde auf dem Wiener Markte zu sehen. Wo zahlreiche Zuchten gehalten werden, ist auch die Milchbenützung von grossem Vortheile und in den meisten Gegenden, wo das wallachische

Zackelschaf gezogen wird, verwenden die Hirten die Milch zur Bereitung von Käse, die zwar nicht zu den besseren Sorten von Schafkäsen gehört, aber dennoch wohlschmeckend und insbesondere bei den Landleuten und Hirten beliebt ist.

Pallas war geneigt, diese Schafrace für einen Bastard zu betrachten, ohne dass er sich jedoch über ihre Stammältern ausgesprochen hat und glaubte, dass sie nicht schon ursprünglich über Ungarn verbreitet war, sondern erst später in dieses Land im Wege der Einfuhr gelangte.

Das türkische Zackelschaf.
(Ovis Strepsiceros turcicus.)

Hausschaaf. Zackelschaaf. Cretisches Schaaf. Pöppig. Illustr. Naturg. B. I. p. 265. f. dextra. p. 261.

Das türkische Zackelschaf scheint seinen äusseren Merkmalen zu Folge ein Blendling zu sein, der auf der Vermischung des wallachischen Zackelschafes *(Ovis Strepsiceros dacicus)* mit dem cretischen *(Ovis Strepsiceros cretensis)* beruht und dürfte sonach für einen Halbbastard einer Kreuzung angesehen werden. Diese Race, welche hauptsächlich in der Türkei gezogen, aber auch in den benachbarten Ländern und namentlich in der Moldau, Wallachei, im südlichen Ungarn und in Siebenbürgen gehalten wird, steht in Ansehung ihrer körperlichen Formen zwischen ihren beiden Stammältern gleichsam in der Mitte, indem sie ein vollständiges Bindeglied zwischen denselben bildet. In der Grösse nähert sich das türkische Zackelschaf mehr dem cretischen als dem wallachischen, während es in Bezug auf die längere Wolle, sich wieder mehr dem letzteren anschliesst. Das einzige wesentliche Merkmal, wodurch es sich von seinen beiden Stammältern unterscheidet, ist die abweichende Bildung des Gehörns bei den Widdern. Die Hörner, welche weniger abgeflacht als beim wallachischen, aber auch nicht so dick und dreiseitig wie beim cretischen Zackelschafe erscheinen, wenden sich von ihrem Grunde an bis auf eine ansehnliche Distanz nach seitwärts und bilden, indem sie sich schraubenförmig um sich selbst drehen, eine ziemlich starke Windung nach einwärts, worauf sie sich dann fast parallel neben einander nach aufwärts erheben, noch einige langgezogene spiralförmige Umgänge darbieten und zuletzt mit der Spitze wieder nach auswärts wenden. Durch diese eigenthümliche Windung stehen die Hörner von der Basis angefangen bis ungefähr zum zweiten Drittel ihrer Länge, ziemlich weit von einander ab und behalten von dieser Stelle, wo sie sich aufwärts erheben, dieselbe Entfernung fast bis gegen ihre Spitze. In den übrigen Körpertheilen und in der Färbung kommt das türkische Zackelschaf vollständig mit seinen Stammältern überein.

Die Art der Haltung ist von der des cretischen Zackelschafes nicht verschieden. Den Sommer bringen die Heerden auf den Gebirgen, den Winter in den Thälern zu und blos während der rauhesten Zeit suchen sie Zuflucht in den Ställen. Bei der geringen Empfindlichkeit gegen die Einwirkungen der Witterung, ist ein Obdach für dieselben auch den grössten Theil des Jahres hindurch entbehrlich. Eben so wenig erfordern dieselben auch eine besondere Sorgfalt in der Pflege, indem sich die Thiere das Futter, das sie zu ihrer Erhaltung nöthig haben, selbst auf den Weiden suchen, auf denen sie bei Tag und Nacht umherziehen. Wie bei dem cretischen und wallachischen, besteht auch bei dem türkischen Zackelschafe der Hauptertrag in dem Fleische, wesshalb man auch die Mehrzahl der Widderlämmer zu verschneiden und zu mästen pflegt. Das Fell und die grobe zottige Wolle werden in derselben Weise wie bei seinen beiden Stammracen verwendet und eben so auch die Milch.

Das ungarische Rasko-Schaf.
(Ovis Strepsiceros arietinus.)

Ovis rustica Ungarica. Rasco Schaaf. Walther. Racen u. Art. d. Schaafe. Annal. d. wetterau. Gesellsch. D. II. p. 68. Nr. 6. c.
Ungarisches Schaf. Rasco. Erdelyi. Zoophysiol. p. 102. A. bb.

Das ungarische Rasko-Schaf ist ein Blendling, der auf der Vermischung des wallachischen Zackelschafes *(Ovis Strepiceros dacicus)* mit dem gemeinen deutschen oder Zaupelschafe *(Ovis Aries germanicus rusticus)* beruht, und daher ein einfacher Bastard reiner Kreuzung. Diese Race, welche hauptsächlich in Ungarn, aber auch hie und da in Böhmen gezogen wird, erinnert in ihren äusseren Formen einigermassen an das wallachische Schaf, wiewohl es in Bezug auf die Bildung der Hörner wesentlich von demselben verschieden ist. In Ansehung der Grösse kommt es beinahe dem walla-

chischen Zackelschafe gleich, obschon es meistens etwas kleiner und
verhältnissmässig auch niederer gebaut ist. Die Kopfform ist ungefähr dieselbe, nur ist der Nasenrücken etwas mehr gewölbt und auch
die Grösse der Augen und der Ohren, so wie nicht minder ihre Form
und Haltung, bieten durchaus keinen merklichen Unterschied dar.
Häufig sind beide Geschlechter gehörnt, doch werden die Schafmütter nicht selten auch ungehörnt getroffen. Bei den Widdern sind die
Hörner lang, nicht besonders dick und allmählig gegen die stumpfe Spitze
hin verschmälert. Von ihrer Wurzel an, wo sie ziemlich nahe neben
einander stehen, wenden sie sich nach seit- und etwas nach aufwärts, und bilden eine ziemlich langgezogene, aber enge doppelte
Spiralwindung, von rück- nach ab-, vor- und aufwärts. Die Hörner
der Schafmütter sind ungefähr von derselben Bildung, doch minder
lang und stark. Hals und Leib sind wie beim wallachischen Zackelschafe gebildet. Die Beine sind etwas kürzer, der Schwanz aber ist
fast völlig so wie bei diesem geformt. Auch die Behaarung ist beinahe dieselbe, nur ist die grobe zottige Wolle, welche den Körper
deckt, etwas minder lang und desshalb auch scheinbar etwas dichter.
Die Färbung ist meist einfärbig schmutzigweiss, in's Bräunlichgelbe
ziehend. Der Kopf und die Beine sind nicht selten auch braun oder
schwarz.

In Ansehung ihrer Eigenschaften stimmt diese Race beinahe
vollkommen mit dem wallachischen Zackelschafe überein und wird
auch in den meisten Gegenden auf dieselbe Weise wie dieses
gehalten. Sie eignet sich vorzüglich für das Ackerland, gedeiht aber
auch auf feuchten Weiden und kann mit gleichem Vortheile in
gebirgigen, wie in ebenen Gegenden gehalten werden. Die grobe
Wolle taugt nur zur Verfertigung gröberer Stoffe, doch ist das
Fleisch derselben wohlschmeckend und fett, vorzüglich aber das der
gemästeten Hammeln. Noch vor einigen Jahrzehnten, als das wallachische Zackelschaf in grosser Menge und heerdenweise nach Österreich
und selbst bis nach Wien auf den Markt getrieben wurde, traf man unter
den Heerden auch viele Thiere von dieser Race an; doch ist sie
schon seit mehreren Jahren bereits so selten geworden, dass sie
heut zu Tage auf den Märkten in der Hauptstadt gar nicht mehr zu
sehen ist.

Überhaupt hat die Zucht dieser Race in neuerer Zeit bedeutend abgenommen und man trifft sie dermalen auch nur dort, wo das

wallachische Zackelschaf, das gleichfalls schon ziemlich weit aus seinem früheren Verbreitungsbezirke verdrängt wurde, jetzt noch gezogen wird.

Das Landschaf.
(Ovis Aries.)

Brebis. Buffon. Hist. nat. T. I. p. 3.
Brebis d'Europe. Buffon. Hist. nat. T. XI. p. 354, 361.
Schaf. Buffon, Martini. Naturg. d. vierf. Thiere. B. I. p. 286.
Schaf von Europa. Buffon, Martini. Naturg. d. vierf. Thiere. B. IX. p. 252, 263.
Ovis Aries. Boddaert. Elench. Anim. Vol. I. p. 147. Nr. 2.
Brebis d'Europe. Encycl. méth. p. 35.
Ovis aries. Mouton commun. Lesson. Man. de Mammal. p. 400. Nr. 1048. 6.
Ovis Aries domesticus. Fitz. Fauna. Beitr. z. Landesk. Österr. B. I. p. 319.
Aegoceros Ovis hispanica. Wagner. Schreber Säugth. B. V. Th. I. p. 1403. Nr. 12. I.
Aegoceros Ovis leptura. Wagner. Schreber Säugth. p. 1410. Nr. 12. II. (zum Theile).
Aegoceros Ovis strepsiceros. Wagner. Schreber Säugth. B. V. Th. I. p. 1424. Nr. 12. IV. (zum Theile).

Das Landschaf, die bekannteste unter allen Hauptformen des zahmen Schafes und zugleich die verbreitetste in unserem Welttheile, bildet eben so wie das kurzschwänzige Schaf, das gleichfalls Europa angehört, eine selbstständige Art in der Gattung des Schafes, die durch die ihr eigenthümlichen Merkmale scharf von den übrigen Schafarten geschieden ist. Die Kennzeichen, wodurch sie sich von denselben unterscheidet, sind ein mittellanger, von keiner Fettmasse umschlossener Schwanz, welcher nahe bis an das Fersengelenk herabreicht, schmale, zugespitzte und zusammengeklappte Ohren, die meist nach seit- und etwas nach abwärts gerichtet sind, ein mehr oder weniger schneckenförmig gewundenes, doch keineswegs um sich selbst gedrehtes, nach seit- und vorwärts gekehrtes Gehörn, das häufig einem oder auch selbst beiden Geschlechtern fehlt, und eine dichte, wollige Bedeckung des Körpers. Diese Merkmale zusammengenommen, sind es, welche das Landschaf deutlich von den übrigen Schafarten trennen und seine Ableitung von einer oder der anderen derselben nicht gestatten. Sein Verbreitungsbezirk umfasst das ganze südliche und den grössten Theil des mittleren Europa, mit Ausnahme der östlichsten, unmittelbar an Asien angrenzenden Länder, wo es durch eine andere Art ersetzt wird.

Unter allen Schafarten ist das Landschaf auch diejenige, welche die grösste Zahl von Racen aufzuweisen hat, da schon seit alter Zeit die europäischen Schafzüchter bemüht sind, theils durch Bastardirung der verschiedenen Hauptformen mit einander, theils durch gegenseitige Vermischung der hiedurch erzielten Bastarde und deren Anpaarung wieder mit einzelnen Formen von ihren Stammältern, neue Racen zu gewinnen und hiedurch eine Verbesserung der Wolle und eine Vermehrung des Fleisch- und Fettertrages zu erzielen. Der höchste Grad dieser Vervielfältigung der Racen wurde aber in England erreicht, wo die Zahl derselben gegen alle übrigen europäischen Länder bedeutend überwiegend ist.

Ungeachtet dieser grossen Mannigfaltigkeit lassen sich die Racen des Landschafes aber dennoch auf sieben Hauptformen zurückführen, welche lediglich auf den Verhältnissen des Klima's und des Bodens, in Folge ihrer geographischen Verbreitung beruhen. Diese Formen sind: das macedonische Schaf *(Ovis Aries parnassicus)*, das italienische Schaf *(Ovis Aries italicus)*, das spanische Schaf *(Ovis Aries hispanicus)*, das französische Schaf *(Ovis Aries gallicus)*, das deutsche Schaf *(Ovis Aries germanicus)*, das englische Schaf *(Ovis Aries anglicus)* und das irländische Schaf *(Ovis Aries hibernicus)*. Alle übrigen Racen sind theils von diesen Hauptabänderungen minder abweichende Formen, die blos in den Einwirkungen des Klima's und des Bodens der einzelnen Landstriche ihres Vorkommens begründet sind, grösstentheils aber Bastarde.

Das macedonische Schaf.
(Ovis Aries parnassicus.)

Ovis rustica Turcica. Macedonisches Schaaf. Walther. Racen u. Art. d. Schaafe. Annal. d. wetterau. Gesellsch. B. II. p. 69. Nr. 13. a.
Capra Aries Rusticus Turcicus. Fisch. Syn. Mammal. p. 490. Nr. 10, γ. k.
Ovis Aries dolichura. Var. O. Türkische Race. Macedonische Race. Brandt u. Ratzeburg. Medic. Zool. B. I. p. 59. Nr. 1. O. a.
Ovis aries parnassicus. Reichenb. Naturg. Wiederk. L. 56. f. 320.

Das macedonische Schaf bildet ohne Zweifel eine besondere, auf den Einflüssen des Klima's und des Bodens beruhende Abänderung des Landschafes *(Ovis Aries)*, deren ursprünglicher Verbreitungsbezirk auf Macedonien und Livadien beschränkt gewesen zu sein scheint, das aber heut zu Tage auch in anderen Provinzen von Griechenland und der Türkei, und selbst in Syrmien gezogen wird.

Dasselbe ist ungefähr von der Grösse des Merino-Schafes und zeichnet sich durch seine eigenthümlich gewundenen, grossen und langen starken Hörner, und die überaus lange zottige Behaarung aus. Der Kopf ist mässig lang, die Stirne flach, der Nasenrücken schwach gewölbt und durch eine seichte Einbuchtung von der Stirne geschieden. Die Augen sind mittelgross und lebhaft, und der Blick derselben ist nicht besonders sanft. Die mässig langen, schmalen, zugespitzten Ohren sind zusammengeklappt, und nach seit- und etwas nach abwärts gerichtet. In der Regel sind nur die Widder gehörnt, bisweilen aber auch die Schafmütter. Beim Widder sind die Hörner, welche ziemlich weit von einander entfernt stehen, beträchtlich lang und von sehr bedeutender Stärke. Von der Wurzel an, wo sie einen höchst ansehnlichen Umfang haben, verschmälern sie sich erst gegen die zweite Hälfte ihrer Länge allmählich bis zur stumpfen Spitze. Ohne sich merklich über den Scheitel zu erheben, wenden sie sich schon von ihrem Grunde angefangen nach seitwärts und bilden eine etwas langgezogene, weite und beinahe doppelte Spiralwindung nach vorwärts. Die Hörner der Schafmütter sind bedeutend kürzer, dünner, nach seit- und rückwärts gerichtet, und nur einfach halbmondförmig nach ab-, vor- und einwärts gekrümmt.

Der Hals ist kurz und erscheint durch die überaus reichliche Behaarung sehr voll und dick, und eben so der nicht besonders langgestreckte Leib. Der Widerrist ist nur sehr wenig vorstehend, der Rücken breit, gerundet und gerade, und die runde volle Croupe kaum höher als der Widerrist. Die Brust ist breit, ohne einer bemerkbaren Wamme, der Bauch durchaus nicht hängend. Die Beine sind verhältnissmässig etwas nieder, nicht besonders stark, doch kräftig, die Hufe ziemlich kurz und stumpf zugespitzt. Der mittellange Schwanz, welcher schlaff über den Hintertheil herabhängt, ist von einer langen und zottigen Wolle umgeben, und reicht mit derselben bis tief unter das Fersengelenk herab. Das Gesicht, die Ohren und die Unterfüsse sind mit kurzen, glatt anliegenden Haaren bedeckt, während der übrige Körper reichlich mit einer sehr langen und überaus dichten, groben, wellten und beinahe zottigen Wolle bekleidet ist, die nahe bis an den Boden reicht. Die Färbung ist einförmig schmutzig gelblichweiss, im Gesichte häufig etwas dunkler und bisweilen sogar in's Bräunliche ziehend. Die Hörner sind licht bräunlich hornfarben, die Hufe schwärzlich. Die Iris ist bräunlichgelb.

Das macedonische Schaf wird sowohl in gebirgigen, als auch in ebenen Gegenden gehalten und bringt in seiner Heimath das ganze Jahr unter freiem Himmel zu. Es ist ausdauernd, wenig empfindlich gegen die Einflüsse der Witterung und begnügt sich mit jedem Futter, das es auf den Weiden trifft. Eine sehr grosse Anzahl der Widderlämmer wird verschnitten und gemästet, da sie fast durchgehends zum Schlachten bestimmt sind. Das Fleisch ist wohlschmeckend und fett, insbesondere aber von gemästeten Hammeln. Das abgezogene Fell wird von den Landleuten im Winter häufig als Mantel getragen, die Haut gegerbt und als Leder verarbeitet, und aus der groben langen Wolle werden Teppiche und andere gröbere Stoffe gewoben.

Unter den bis jetzt bekannten Schafracen sind es nur zwei, welche vom macedonischen Schafe abgeleitet werden müssen, das wallachische Schaf *(Ovis Aries parnassicus dacicus)* und das moldauische Schaf *(Ovis Aries parnassicus moldavicus)*, welche beide Bastarde sind.

Das wallachische Schaf.
(Ovis Aries parnassicus dacicus.)

Brebis de Moldavie. Buffon. Hist. nat. Supplém. T. VI. p. 142.
Schaf der Moldau. Buffon, Martini. Naturg. d. vierf. Thiere. B. IX. p. 327.
Brebis de Moldavie. Encycl. méth. p. 34.
Ovis rustica Turcica. Wallachisches Schaaf. Walther. Racen u. Art. d. Schaafe. Annal. d. wetterau. Gesellsch. B. II. p. 69. Nr. 13. b.
Capra Aries Rusticus Turcicus. Fisch. Syn. Mammal. p. 400. Nr. 10, γ. k.
Ovis Aries dolichura. Var. O. Türkische Race. Walachische Race. Brandt u. Ratzeburg. Medic. Zool. B. I. p. 59. Nr. I. O. β.
Ovis Aries domesticus turcicus. Fitz. Fauna. Beitr. z. Landesk. Österr. B. I. p. 321.
Aegoceros Ovis strepsiceros. Wallachisches Schaf. Wagner. Schreber Säugth. B. V. Th. I. p. 1425. Nr. 12. IV.
Ovis aries dacicus. Reichenb. Naturg. Wiederk. t. 50. f. 318, 319.

Das wallachische Schaf scheint nach den Merkmalen, welche es in seinen äusseren Formen darbietet, ein Blendling zu sein, der auf der Vermischung des macedonischen Schafes *(Ovis Aries parnassicus)* mit dem wallachischen Zackelschafe *(Ovis Strepsiceros dacicus)* beruht. Dasselbe kann sonach für einen einfachen Bastard reiner Kreuzung gelten. In seinem ganzen Baue kommt es zunächst mit dem macedonischen Schafe überein und unterscheidet sich von demselben hauptsächlich nur durch die verschiedene Bildung der Hörner, welche deutlich auf die Abstammung vom Zackelschafe hinweiset. In Ansehung der Grösse steht es zwischen seinen beiden Stammältern in der Mitte, indem es etwas kleiner als das macedonische Schaf ist, aber grösser als das wallachische Zackelschaf. Der Kopf ist genau so wie bei dem macedonischen Schafe gebildet, und auch die Form und Richtung der Ohren ist genau dieselbe. Dagegen sind meistens nur die Widder, die Schafmütter aber nur selten bei dieser Race gehörnt. Die Hörner der Widder, die sehr nahe neben einander stehen, sind beträchtlich lang und ziemlich dick, verschmälern sich aber schon im ersten Drittel ihrer Länge allmählich bis zur stumpfen Spitze. Von ihrem Grunde angefangen, wenden sie sich in wagrechter Richtung unmittelbar über dem Scheitel nach seitwärts und bilden eine sehr langgezogene, doch nicht besonders weite, doppelte Spiralwindung nach ab-, vor- und aufwärts. Bei den Schafmüttern hingegen sind die Hörner viel kürzer und dünner, und beschreiben, indem sie sich nach seit- und rückwärts wenden, nur einen einfachen halbmondförmigen Bogen nach ab- und vorwärts.

Die Form des Halses, des Leibes, der Beine und des Schwanzes sind durchaus nicht von der des macedonischen Schafes verschieden, nur erscheinen die Beine wegen der minder langen Behaarung des Körpers verhältnissmässig etwas höher. Auch die Behaarung des Körpers ist beinahe dieselbe, nur ist das Haar etwas kürzer, zottiger und reicht nicht so tief als bei diesem herab, daher auch die Beine, vom Hand- und Fersengelenke an, aus dem reichlichen Wollvliesse hervorragen. Die Färbung ist einförmig schmutzig gelblichweiss, im Gesichte und an den Beinen bisweilen heller oder dunkler bräunlich, seltener dagegen schwarz. Die Farbe der Hörner, der Hufe und der Iris ist dieselbe wie beim macedonischen Schafe.

Das wallachische Schaf wird sowohl in der Wallachei, als auch in Syrmien, Serbien und Bosnien gezogen, und daselbst in ungeheueren Heerden gehalten. Man trifft es allenthalben sowohl in den gebirgigen, als auch in den ebenen Gegenden dieser Länder an, und überall geniesst es nur eine äusserst geringe Pflege. Die Heerden bringen fast das ganze Jahr Tag und Nacht unter freiem Himmel zu, und erhalten äusserst selten nur, meist aber blos während der rauhesten Zeit ein Obdach. Ihre Nahrung müssen sie sich selbst auf den ausgedehnten Weiden suchen, auf denen sie sich fast fortwährend herumtreiben und blos im strengen Winter, wo oft tiefer Schnee dieselben deckt, wird ihnen das Futter, gewöhnlich Heu, trockene Blätter oder Stroh, von den Hirten dargereicht. So wie das Zackelschaf, ist auch das wallachische Schaf sehr wenig empfindlich gegen nasskalte Witterung und begnügt sich fast mit jedem Futter, das es auf den Bergabhängen und den Weiden trifft. Es besitzt grosse Anlage zum Ansatze von Fett und lässt sich daher auch sehr leicht mästen. Der grösste Theil der Widderlämmer ist oft zum Schlachten bestimmt und wird desshalb auch schon in der ersten Jugend verschnitten, gross gezogen und gemästet.

Aber nicht nur das Fett, sondern auch das Fleisch ist bei dieser Race und insbesondere bei den in ebenen Gegenden gezogenen Thieren, welche eine weit bedeutendere Grösse erreichen, in sehr ansehnlicher Menge vorhanden, und zeichnet sich, obwohl es etwas grobfaserig ist, durch Saftigkeit und Wohlgeschmack aus. Aus diesem Grunde ist diese Schafrace auch anderwärts als bei den Bewohnern seiner Heimath, sehr beliebt und wird desshalb auch in grosser Menge in die benachbarte Türkei getrieben. Die Wolle ist zwar grob und nur zu gröberen Stoffen verwendbar, doch liefert sie immerhin bei den ungeheueren Zuchten, die man von dieser Race unterhält, den Heerdenbesitzern einen reichlichen Ertrag. Das abgezogene Fell wird so wie das des Zackelschafes, von den Hirten als Mantel getragen.

Das moldauische Schaf.
(*Ovis Aries parnassicus moldaricus.*)

Brebis de Moldavie. Buffon. Hist. nat. Supplém. T. VI. p. 142.
Schaf der Moldau. Buffon, Martini. Naturg. d. vierf. Thiere. B. IX. p. 327.
Brebis de Moldavie. Encycl. méth. p. 34.
Ovis rustica Turcica. Moldauer Schaaf. Walther. Racen u. Art. d. Schaafe. Annal. d. wetterau. Gesellsch. B. II. p. 70. Nr. 13. d.
Capra Aries Rusticus Turcicus. Fisch. Syn. Mammal. p. 490. Nr. 10, γ. k.
Ovis Aries dolichura. Var. O. Türkische Race. Moldauer Race. Brandt u. Ratzeburg. Medic. Zool. B. I. p. 59. Nr. I. O. d.
Ovis Aries domesticus turcicus. Fitz. Fauna. Beitr. z. Landesk. Österr. B. I. p. 321.

Das moldauische Schaf ist höchst wahrscheinlich eine Blendlingsform, welche auf der Kreuzung des wallachischen Schafes *(Ovis Aries parnassicus dacicus)* mit dem türkischen Zackelschafe *(Ovis Strepsiceros turcicus)* beruht. Dasselbe kann daher für einen einfachen Bastard gemischter Kreuzung angesehen werden. Es hat sehr grosse Ähnlichkeit mit dem wallachischen Schafe und kommt mit demselben fast in allen seinen äusseren Merkmalen überein. Die sehr geringen Unterschiede, welche sich zwischen diesen beiden Racen ergeben, bestehen einzig und allein nur in dem etwas höheren Baue, in der abweichenden Richtung der Hörner, die nicht so wie beim wallachischen Schafe vollkommen wagrecht nach seitwärts, sondern mehr nach aufwärts gerichtet sind, und in der etwas grösseren Feinheit der Wolle.

Diese Schafrace wird allenthalben in der Moldau und zum Theile auch in Bessarabien in überaus zahlreichen Heerden gezogen, von wo sie häufig in die Türkei und in die Wallachei gebracht wird. Insbesondere ist es aber die Türkei, wohin alljährlich viele Tausende von diesen Thieren getrieben und bis nach Konstantinopel auf den Markt gebracht werden. Das vortreffliche Fleisch, welches diese Schafrace liefert, ist die Ursache, wesshalb es von den Türken so sehr gesucht und geschätzt wird. In früheren Zeiten war der Handel mit derselben nach der Türkei noch weit bedeutender als heut zu Tage, und zu Anfang des achtzehnten Jahrhunderts wurden alljährlich mehr als 16.000 Stücke von griechischen Kaufleuten für den Sultan eingekauft, die sämmtlich für die Tafel des türkischen Hofes bestimmt waren. Die Wolle, welche zwar etwas feiner als jene des wallachischen Schafes ist, ist aber dennoch nur zu gröberen Geweben verwendbar. Demungeachtet bringt sie den Heerdenbesitzern aber einen sehr reichen Gewinn ein, theils wegen der Menge der Thiere, theils aber auch wegen der Reichlichkeit ihres Vliesses.

In seinen Eigenschaften kommt das moldauische Schaf vollkommen mit dem wallachischen überein, und es wird auch auf dieselbe Weise, so wie dieses gehalten. Man trifft es sowohl in den Berggegenden, als auch in den Ebenen an und in beiden gedeiht es gut. Jene Thiere aber, welche im Flachlande gezogen werden, erreichen, so wie dies auch beim wallachischen Schafe der Fall ist, eine ansehnlichere Grösse, wiewohl sie in Bezug auf die Fruchtbarkeit den Gebirgsschafen nachstehen. Offenbar ist es die Verschiedenheit der örtlichen Verhältnisse, welche jene Eigenschaften bedingt.

Das italienische Schaf.

(Ovis Aries italicus.)

Schaf. Cetti. Naturg. v. Sard. B. I. p. 85.
Aegoceros Ovis leptura. Var. e. Italienisches Schaf. Sardinisches Schaf. Wagner. Schreber. Säugth. B. V. Th. I. p. 1419. Nr. 12. II. e. δ.

Das italienische Schaf kann nur als eine auf den Verhältnissen des Klima's und des Bodens beruhende Abänderung des Landschafes *(Ovis Aries)* betrachtet werden, deren ursprünglicher Verbreitungsbezirk über ganz Italien reichte und sich auch auf Sicilien, so wie auf die beiden Inseln Sardinien und Corsica ausdehnte. Aber schon zur Zeit der alten Römer wurde diese dem Lande eigenthümliche Race durch die Einführung fremder Schafracen und die Vermischung derselben mit den einheimischen Zuchten so verändert, dass sie heut zu Tage wohl nirgends mehr als in Sardinien und vielleicht auch noch auch in Corsica, in ihrem reinen, unvermischten Zustande anzutreffen ist. Die meisten von den dermalen in Italien vorkommenden Formen müssen ihren äusseren Merkmalen zu Folge, anderen Schafarten als dem Landschafe beigezählt und denselben daher auch angereiht werden.

Das reine, noch unvermischte italienische Schaf, so wie es hie und da noch in Sardinien vorkommt, ist unter der gewöhnlichen Mittelgrösse und kommt hierin dem kleineren Schlage des gemeinen deutschen oder Zaupelschafes gleich, von dem es sich im Allgemeinen wohl auch nur wenig unterscheidet. In seinen Formen scheint es, nach den wenigen Notizen, welche wir über dasselbe besitzen, beinahe vollständig mit demselben überein zu kommen und sich höchstens durch die verhältnissmässig etwas längere Wolle und die Neigung zur Vielhörnigkeit von ihm zu unterscheiden, indem man unter den Widdern häufig einzelne Thiere mit zwei bis drei Nebenhörnern antrifft. Dass diese Race jedoch auf dem Festlande von Italien, so wie auch auf Sicilien grösser war, ist beinahe gewiss, da alle auf den beiden Inseln Sardinien und Corsica vorkommenden Säugethiere stets verhältnissmässig kleiner sind.

Die Zuchten, welche auf Sardinien von dieser Schafform gehalten werden, sind sehr bedeutend und man schätzt die Zahl der Stücke daselbst auf mehr als 700.000. Die Heerden bringen das ganze Jahr hindurch im Freien zu und suchen sich ihre Nahrung selbst auf den Weiden im Gebirge. Es wird ihnen daher auch nur eine sehr geringe Pflege zu Theil und die Besitzer derselben begnügen sich mit dem Ertrage an Fleisch und Wolle, so wie ihn diese Race abwirft, und denken wenig daran, dieselbe zu veredeln, wiewohl das Schaf das wichtigste unter allen ihren Hausthieren ist. Die grobe Wolle, welche 6 Zoll in der Länge hat, steht nur in sehr geringem Werthe und wird desshalb auch blos im eigenen Lande zu groben Tüchern und Matratzen-Überzügen verwendet, die das Landvolk für sich selbst benützt. Das Fell wird mit und ohne Wolle von demselben allenthalben auf der ganzen Insel als Kleidungsstück getragen. Von grosser Wichtigkeit ist für die dortigen Bewohner auch das Fleisch, das von gemästeten Hammeln wohlschmeckend und saftig ist, und von den Einwohnern alljährlich von Ostern angefangen, durch zwei volle Monate genossen wird. Den Hauptertrag liefert aber die Milch, welche zur Käsebereitung verwendet wird. Die sardinische Käse ist sehr geschätzt und bildet ihres Wohlgeschmackes wegen einen bedeutenden Artikel des Handels, indem durchschnittlich bei 40.000 Centner derselben jährlich ausser Land geführt werden.

Von den in Italien gezogenen Schafracen, scheint nur eine einzige ihren äusseren Formen nach, der Gruppe des Landschafes beigezählt werden zu müssen, nämlich das **halbedle italienische Schaf** (*Ovis Aries italicus subnobilis*).

Das halbedle italienische Schaf.
(*Ovis Aries italicus subnobilis.*)

Brebis de l'Italie. Buffon. Hist. nat. T. V. p. 22.
Schaf von Italien. Buffon, Martini. Naturg. d. vierf. Thiere. B. I. p. 313.
Brebis de l'Italie. Encycl. méth. p. 32.
Ovis rustica italica. Neapolitaner Schaaf. Bianca gentile di pelo lungo. Walther. Racen u. Art. d. Schaafe. Annal. d. wetterau. Gesellsch. B. I. p. 284. Nr. 2. a. bb.
Ovis rustica italica. Neapolitaner Schaaf. Nera gentile di pelo lungo. Walther. Racen u. Art. d. Schaafe. Annal. d. wetterau. Gesellsch. B. I. p. 284. Nr. 2. a. dd.
Ovis rustica italica. Neapolitaner Schaaf. Carfango. Walther. Racen u. Art. d. Schaafe. Annal. d. wetterau. Gesellsch. B. I. p. 284. Nr. 2. a. ee.
Ovis rustica italica. Neapolitaner Schaaf. Carapelleso. Walther. Racen u. Art. d. Schaafe. Annal. d. wetterau. Gesellsch. B. I. p. 284. Nr. 2. a. ff.
Capra Aries Rusticus Italicus. Fisch. Syn. Mammal. p. 490. Nr. 10. γ. a.

Ovis Aries dolichura. Var. F. Italienisches Schaf. Neapolitanische Race. Bianca gentile di pelo lungo. Brandt u. Ratzeburg. Medic. Zool. B. I. p. 50. Nr. 1. F. a. γ.
Ovis Aries dolichura. Var. F. Italienisches Schaf. Neapolitanische Race. Cassango. Brandt u. Ratzeburg. Medic. Zool. B. I. p. 59. N. 1. F. a. ζ.
Ovis Aries dolichura. Var. F. Italienisches Schaf. Neapolitanische Race. Carapelleso. Brandt u. Ratzeburg. Medic. Zool. B. I. p. 59. Nr. 1. F. a. η.
Aegoceros Ovis leptura. Var. e. Italienisches Schaf. Neapolitanisches Schaf. Bianca di pelo lungo. Wagner. Schreber Säugth. B. V. Th. I. p. 1418. Nr. 12. II. e. a. 2.
Aegoceros Ovis leptura. Var. e. Italienisches Schaf. Neapolitanisches Schaf. Nera di pelo lungo. Wagner. Schreber Säugth. B. V. Th. I. p. 1418. Nr. 12. II. e. a. 4.
Aegoceros Ovis leptura. Var. e. Italienisches Schaf. Neapolitanisches Schaf. Carfagno. Wagner. Schreber Säugth. B. V. Th. I. p. 1418. Nr. 12. II. e. a. 5.
Aegoceros Ovis leptura. Var. e. Italienisches Schaf. Neapolitanisches Schaf. Carapelleso. Wagner. Schreber Säugth. B. V. Th. I. p. 1418. Nr. 12. II. e. a. 6.

Das halbedle italienische Schaf, so unvollständig es auch bis jetzt nach den spärlichen Angaben, die über dasselbe vorhanden sind, bekannt ist, kann dennoch aller Wahrscheinlichkeit nach für eine Blendlingsform betrachtet werden, welche aus der Kreuzung des reinen, noch unvermischten italienischen Schafes *(Ovis Aries italicus)* mit dem tarentinischen langschwänzigen Schafe *(Ovis dolichura tarentina)* hervorgegangen und daher ein einfacher Bastard gemischter Kreuzung zu sein scheint. Es ist von mittlerer Grösse, kommt in seinen Formen mehr mit der ersteren als der letzteren Race überein und zeichnet sich durch seine lange, doch ziemlich grobe Wolle aus. Die Färbung ist meist einförmig weiss oder schwarz, bisweilen aber auch in's Grauliche ziehend.

Diese Race ist über ganz Neapel und eben so auch über Sicilien verbreitet, doch gilt sie für die schlechteste unter allen in Italien gezogenen Racen. Die schon zur Zeit der Römer so berühmt gewesenen Schafe von Tarent sind heut zu Tage aus jener Gegend grösstentheils verschwunden, indem sie allmählig durch diese schlechtere Race verdrängt wurden. Die lange, doch ziemlich grobe Wolle des halbedlen italienischen Schafes ist nur zu gröberen Stoffen verwendbar und steht daher auch keineswegs in einem höheren Werthe. Dagegen ist das Fleisch desselben seines besonderen Wohlgeschmackes wegen sehr geschätzt und eine beträchtliche Anzahl gemästeter

Hammeln wird alljährlich aus Apulien und den Abruzzen nach Rom, und selbst auch nach Toscana zum Schlachten auf den Markt getrieben. Die Neapolitaner unterscheiden nach der Färbung vier verschiedene Schläge unter dieser Race, die weissen Schafe oder die *Bianche di pelo lungo*, die schwarzen oder ihre *Nere di pelo lungo*, die graulichen, die sie *Carapellesi*, und die gefleckten, welche sie *Carfagne* nennen.

Das spanische oder Merino-Schaf.
(Ovis Aries hispanicus.)

Brebis de l'Espagne. Buffon. Hist. nat. T. V. p. 22. T. XI. p. 361.
Ovis Aries hispanica. Linné. Syst. nat. ed. XII. T. I. P. I. p. 97. Nr. 1. γ.
Schaf von Spanien. Buffon, Martini. Naturg. der vierf. Thiere B. I. p. 313. B. IX. p. 263.
Ovis Aries hispanica. Erxleben. Syst. regn. anim. T. I. p. 247. Nr. I. γ.
Ovis Aries hispanica. Gmelin. Linné Syst. nat. ed. XIII. T. I. P. I. p. 198. Nr. 1. γ.
Brebis de l'Espagne. Encycl. meth. p. 32, 35.
Ovis Aries hispanica. Bechst. Naturg. Deutschl. B. I. p. 363. Nr. 3. a.
Ovis rustica hispanica ambulans. Merinos. Walther. Racen und Arten der Schaafe. Annal. der wetterau. Gesellsch. B. I. p. 283. Nr. 1. A. a.
Spanisches Schaf. Merinos transhumans. Erdelyi. Zoophysiol. p. 101. A. b.
Ovis aries hispanica. Desmar. Mammal. p. 491. Nr. 741. Var. G.
Ovis aries. Mouton commun. Mouton d'Espagne. Lesson. Man. de Mammal. p. 400. Nr. 1048. 6.
Capra Aries Hispanicus. Fisch. Syn. Mammal. p. 490. Nr. 10. α.
Ovis dolichura. Var. A. Spanisches Schaf. Merinos transhumans. Brandt u. Ratzeburg. Medic. Zool. B. I. p. 58. Nr. 1. A. b.
Ovis Aries domesticus hispanicus. Fitz. Fauna. Beitr. z. Landesk. Österr. B. I. p. 320.
Ovis Aries Var. 6. Gemeiner Haushammel. Spanische Race. Tilesius. Hausziege. Isis. 1835. p. 053. Nr. 6.
Merino breed. Jardine. Nat. Hist. of Rumin. Anim. T. II. p. 147.
Aegoceros Ovis hispanica. Infantado-Rasse. Wagner. Schreber Säugth. B. V. Th. I. p. 1405. Nr. 12. 1.
Merino Breed. Low. Breeds of the Dom. Anim. Vol. II. Nr. 3. p. 37. T. 12.
Ovis aries stirps hispanica lanosa. Reichenb. Naturg. Wiederk. T. 54. F. 308–310.
Hausschaaf. Merino. Pöppig. Illustr. Naturg. B. I. p. 265.
Merinos Schaf. Infantado-Race. Schmidt. Schafzucht. p. 18. t. 7.

Das spanische oder Merino-Schaf muss als eine jener Hauptabänderungen des Landschafes *(Ovis Aries)* betrachtet werden, die in Folge geographischer Verbreitung, durch klimatische Verhältnisse bedingt sind. Es ist unstreitig die vorzüglichste unter allen Formen des Landschafes und bildet mit vollem Rechte das Ideal der europäischen Schafzüchter. So wenig es für den Naturforscher einem Zweifel unterliegen kann, in demselben eine eigenthümliche, dem Landschafe angehörige Form zu erkennen, deren Verbreitungsbezirk ursprünglich wohl nur auf Spanien und Portugal beschränkt ist, so bestehen unter den Ökonomen und selbst unter dem eigenen Volke seiner Heimath, dennoch verschiedene Ansichten über seine Abstammung. Die Spanier suchen dasselbe von einer nordafrikanischen Race abzuleiten, welche sich schon frühzeitig im Besitze der Araber befand und durch die Mauren nach Spanien gelangte, während die englischen Landwirthe die Ansicht geltend zu machen suchen, dass das spanische Schaf seinen Ursprung einer feinwolligen Race des englischen Schafes verdanke. Beide Ansichten fussen zum Theile auf dem Namen Merino, der auf seine Einführung aus einem Lande jenseits des Meeres hindeutet. Wenn es aber auch geschichtlich erwiesen ist, dass die alten Könige von Spanien sowohl aus der Berberei, als auch aus England, zu verschiedenen Zeiten Zuchtschafe erhielten, so kann dies doch keineswegs für einen vollgiltigen Grund betrachtet werden, das spanische Schaf für einen Abkömmling derselben zu erklären; am wenigsten aber für den Naturforscher, der in den körperlichen Formen des spanischen Schafes den schlagendsten Beweis für die Unrichtigkeit dieser Ansicht findet. Sämmtliche in Nordafrika gezogene Schafracen sind so wesentlich von dem spanischen Schafe verschieden, dass sie nicht einmal zur selben Art, geschweige denn zur selben Race gerechnet werden können und nicht minder erheblich sind auch die Unterschiede, welche sich zwischen den in alter Zeit in England einheimisch gewesenen Racen und dem spanischen Schafe ergeben. Aus diesem Grunde ist man daher genöthiget, dasselbe für eine eigenthümliche, dem südwestlichen Theile von Europa angehörige Form des Landschafes zu betrachten.

Die wichtigsten Kennzeichen, wodurch sich diese ausgezeichnete Schafform von allen übrigen unterscheidet, beruhen theils in der eigenthümlichen Form des Kopfes und der Hörner, theils aber auch in der Art der Behaarung und der Beschaffenheit der Wolle. Es ist von mittlerer Grösse, vollem und schwerfälligem Baue. Der Kopf ist gross, hinten hoch und breit, nach vorne zu verschmälert, und die Schnauze stumpf zugespitzt und abgeflacht. Die Stirne ist ziemlich platt, der Nasenrücken bei den Widdern mässig stark gewölbt, bei den Schafmüttern dagegen schwächer. Die Augen sind verhältnissmässig klein, die Thränengruben ziemlich gross, die mittellangen, schmalen zugespitzten Ohren zusammengeklappt, und nach seit- und etwas nach abwärts gerichtet. Die Widder sind fast immer gehörnt, die Mutterschafe dagegen nur äusserst selten. Hornlose Widder bringen oft eine gehörnte Nachzucht. Die Hörner sind bei den Widdern sehr stark, breit und meistens ziemlich lang, indem sie oft eine Länge von 2 Fuss erreichen. Bisweilen sind die Hörner aber auch nur kurz. Von der Wurzel angefangen, wo sie nicht sehr weit von einander entfernt stehen, wenden sie sich bei nur sehr geringer Erhebung über dem Scheitel und gleichmässigem Abstande vom Kopfe, nach seit- und rückwärts, und bilden eine höchst regelmässige doppelte Spiralwindung nach ab-, vor- und aufwärts, wobei sich die Spitzen derselben stark nach Aussen kehren. Bei den Schafmüttern sind die Hörner beträchtlich kürzer und schwächer, doch in ähnlicher Weise gekrümmt.

Der Hals ist verhältnissmässig kurz und von ansehnlicher Dicke, die Haut desselben stark gefaltet und eine sehr deutliche, etwas schlaffe Wamme, zieht sich am Vorderhalse bis unterhalb der Brust und bildet in der Kehlgegend eine fast kropfartige Erhöhung. Der Leib ist gedrungen, sehr stark untersetzt, voll und rund, der Widerrist etwas erhaben, der Rücken breit, gerundet und sehr schwach gesenkt, und die volle runde Croupe etwas höher als der Widerrist. Die Beine sind verhältnissmässig von ziemlich geringer Höhe, doch sehr stark und kräftig, die Hufe kurz und stumpf zugespitzt. Der mittellange, schlaff herabhängende Schwanz, welcher ringsum von kurzer gekräuselter Wolle umgeben ist, reicht fast bis an das Fersengelenk herab. Das Gesicht und die Ohren sind mit kurzen, glatt anliegenden Haaren besetzt, der Scheitel, die Wangen und der ganze übrige Körper, auch selbst die Beine, bis zu den Hufen herab, sind von einer überaus dichten, kurzen, sehr weichen und feinen, höchst regelmässig gekräuselten Wolle bedeckt, die an ihren Spitzen von einer fettigen und beinahe harzigen, bisweilen gelbbräunlichen, häufig aber auch dunkel braunschwarzen, und mehr oder weniger in's Grauliche ziehenden Kruste überzogen ist, welche durch die ausserordentlich starke Ausdünstung des Thieres gebildet wird. Die Färbung ist meistens hell gelblichweiss und erscheint nur durch den harzigen Krustenüberzug schwärzlich oder braunschwarz. Sehr selten kommen aber schwarzwollige Thiere unter dieser Race vor. Die Körperlänge beträgt bei einem erwachsenen Widder 4 Fuss 7 Zoll, die Schulterhöhe 2 Fuss 1 Zoll, während die Mutterschafe nur 3 Fuss bis 4 Fuss 3 ½ Zoll Körperlänge haben und die Schulterhöhe zwischen 1 Fuss 8 Zoll und 1 Fuss 10 Zoll schwankt.

Ausser dieser, die typische Form des spanischen Schafes bildenden Race, welche die verbreitetste im ganzen Lande ist, werden aber auch noch drei andere, nahe mit ihr verwandte Racen von langschwänzigen Schafen in Spanien und Portugal gezogen, welche jedoch sämmtlich nur Bastardbildungen zu sein scheinen; nämlich das edle spanische Schaf *(Ovis Aries hispanicus nobilis)*, das gemeine spanische Schaf *(Ovis Aries hispanicus rusticus)* und das spanische Bastard-Schaf *(Ovis Aries hispanicus hybridus)*. Eine vierte Race des spanischen Schafes ist das erst in neuerer Zeit im südlichen Frankreich entstandene spanische Seidenschaf *(Ovis Aries hispanicus sericeus)*, welches als eine auf Zucht und Cultur begründete Abänderung betrachtet werden muss. Die erste und dritte der hier aufgeführten Formen werden in ihrem Vaterlande, so wie das eigentliche, noch unvermischte spanische Schaf, mit dem gemeinschaftlichen Namen Merino-Schaf bezeichnet und unter derselben Benennung werden sie auch in allen übrigen Ländern, in denen sie eingeführt wurden, mit einander vereiniget und nur als besondere Schläge unterschieden. Diese drei Racen sind es auch, welche zur Veredlung des Landschafes in dem grössten Theile von Europa schon seit langer Zeit verwendet werden und zur Entstehung einer sehr bedeutenden Anzahl von neuen Racen Veranlassung gegeben haben.

Die Spanier unterscheiden diese drei verschiedenen Formen des Merino-Schafes aber nicht nach ihren äusseren Merkmalen, sondern nach der Art ihrer Haltung, welche bei allen dreien in vollkommen übereinstimmender Weise beobachtet wird. Sie theilen daher ihre Merinos in Wunderschafe oder *Merinos transhumantes* und in Standschafe oder *Merinos estantes* ein. Unter ersteren begreifen sie jene, welche alljährlich grosse Wanderungen unternehmen, unter letzteren die, welche das ganze Jahr hindurch in einer und derselben Gegend bleiben. Die Wanderschafe bringen den Winter in den ebenen Gegenden der südlichen Provinzen zu, wo sie Tag und Nacht unter freiem Himmel weiden, und ziehen im Sommer in die nördlichen

Theile des Landes, um daselbst in den kühleren und bergigen Gegenden bis zum nächsten Herbste zu verweilen. Diese Wanderschafe werden von den Spaniern aber wieder in drei verschiedene Stämme geschieden, den leonischen, segovischen und den sorianischen Stamm, und unter diesen Stämmen unterscheiden sie wieder mehrere Schläge, die sie mit besonderen Namen bezeichnen. Für die edelsten Schläge des leonischen Stammes gelten die Heerden von Infantado, Guadaloupe, Negretti, Iranda, Perales, Paular, Portago und Escurial.

Sämmtliche Wanderschafe sind ein Eigenthum der reichsten und wohlhabendsten Leute im Lande und jede Heerde ist einem Majoral oder Ober-Aufseher anvertraut, der den übrigen Schäfern vorsteht und dieselben überwacht. Die meisten grösseren Heerden bestehen gewöhnlich aus 20.000 Stücken, doch gibt es auch manche unter ihnen, die selbst 70.000 — 80.000 Stücke zählen. Heerden von 5000 — 6000 Stücken gehören schon zu den kleinsten, welche im ganzen Lande angetroffen werden. Sämmtliche Besitzer dieser Heerden bilden zusammen eine besondere Körperschaft, die den Namen Mesta führt und deren Entstehung ungefähr in die Mitte des fünfzehnten Jahrhunderts fällt. Dieser Körperschaft, welche jene Wanderungen zu regeln hat, steht schon seit sehr alter Zeit das durch besondere Gesetze verbürgte Recht zu, ihre Heerden in den ausgedehnten Bezirken, die selbst nicht ihr Eigenthum sind, auf die Weide zu treiben und besondere Strassen zu unterhalten, auf welchen ihre Schafe von einer Gegend in die andere wandern. Diese Strassen, welche mitten durch bebaute Gegenden hindurchführen und eine Breite von 15 — 25 Klafter und selbst darüber haben, sind durch eigene Feldzeichen auf den bebauten Gründen abgesteckt und erfordern desshalb eine so grosse Breite, weil der Boden, den die Heerden betreten, denselben auf ihrer Wanderung die nöthige Nahrung bieten muss. Ein ähnlicher Gebrauch war auch schon bei den alten Römern üblich, wie aus den Berichten ihrer Schriftsteller hervorgeht. Die Wanderungen, welche diese Schafe unternehmen, umfassen einen ungeheueren Umfang. Die leonischen Wanderschafe, die den Winter in Mancha, Estremadura und vorzüglich auf dem linken Ufer des Guadiana zubringen, treten gegen halben April ihre Wanderung an, ziehen bei Almerez über den Tajo und halten bei den Schurhäusern in der Nähe von Segovia an, wo ihnen die Wolle abgenommen wird.

Hierauf ziehen sie nach Alt- und Neu-Castilien bis in die Gebirge von Burgos und Segovia, und insbesondere in die weit ausgedehnten und unermesslichen Weiden von Cervera bei Aquilar del Camp im Königreiche Leon. Den nördlichen Theil von Navarra, Catalonien, Valencia und andere Gebiete von Spanien dürfen diese Heerden jedoch nicht betreten, da in diesen Provinzen der Mesta kein Recht darüber zusteht und eben so wenig ist es ihnen gestattet, die Pyrenäen zu berühren. Die sorianischen Schafe bringen den Winter an der Grenze von Estremadura, Andalusien und Neu-Castilien zu, ziehen gegen Ende April fort, setzen bei Talavera de la Reyna und Puenta del Arcobisco über den Tajo und begeben sich über Madrid nach Soria, von wo aus sie ihre Wanderung in die benachbarten Gebirge bis zum Ebro in Navarra fortsetzen, in denen sie sich vertheilen und die ihrem Zuge grösstentheils zur Grenze dienen. Bei dem Umstande, dass alljährlich 4 — 6 Millionen Schafe den grössten Theil des Landes seiner ganzen Länge nach durchziehen und seine Triften abweiden, ist es wohl erklärlich, dass für den Ackerbau ein ungeheurer Nachtheil erwächst und es ist daher auch nicht zu wundern, dass das Land durch den Vortheil, welchen eine einzige privilegirte Körperschaft geniesst, allmählich in so grosse Armuth gerathen ist.

Jede dieser Wanderungen nimmt ungefähr sieben volle Wochen in Anspruch, daher der Hin- und Rückweg das Doppelte betragen. Ruhig und in grösster Ordnung ziehen die Heerden, von einigen vollkommen zahmen Widdern geleitet, vor ihren Hirten einher, deren Gepäck und karger Mundvorrath von einigen Maulthieren getragen wird, während mehrere starke Hunde dem Zuge folgen, um die Heerden zusammenzuhalten und wenn es Noth thut, gegen die Angriffe von Wölfen zu vertheidigen. Die Schafhirten bilden in Spanien einen eigenen Stand und man schlägt die Zahl derselben auf 50.000 Individuen an. Es sind dieselben zwar durchaus Leute ohne aller Bildung, doch besitzen sie manche Tugenden, die in der Abgeschiedenheit ihrer Lebensart begründet sind. Schon von Jugend an gewohnt, Müheseligkeiten und Beschwerden zu ertragen, fühlen sie sich glücklich in der Erfüllung ihres Berufes und begnügen sich damit, nothdürftig ihren Lebensunterhalt zu sichern. Auf den Wanderungen bringen sie den grössten Theil des Jahres unter freiem Himmel zu, wo sie in Schafpelze gehüllt, jedem Ungemach der Witterung Preis gegeben sind, und blos an den wenigen Orten, wo sie anhalten, finden sie unter Baumhütten ein Obdach. Die Genügsamkeit dieser Leute ist aber auch ausserordentlich, da sie fast das ganze Jahr hindurch blos auf vegetabilische Kost angewiesen sind und nur äusserst selten Fleisch geniessen können. Doch sind sie diese Lebensart schon so gewohnt, dass sie dieselbe mit keiner anderen vertauschen würden. So abgehärtet die Wanderschafe aber auch sind, so gehen doch sehr viele auch während der Wanderungen zu Grunde, indem sie nicht selten den Einflüssen der Witterung unterliegen. Wie die Wanderschafe ihre ganze Lebenszeit hindurch im Freien zubringen und selbst im Winter nicht in Ställen eine Zufluchtstätte finden, so erhalten die Standschafe dagegen zur Winterszeit oder auch wenn schlechtes Wetter eintritt, ein Obdach, das sie schützt.

Dass übrigens die Wanderungen auf die Güte und Schönheit der Wolle keinen Einfluss haben, wie von so Vielen behauptet wurde, ist thatsächlich erwiesen, indem die Wolle der Wanderschafe von jener der Standschafe in keiner Beziehung verschieden ist. Letztere stammen auch ursprünglich von den ersteren ab, indem alljährlich von den Besitzern kleinerer Heerden, eine gewisse Zahl von Wanderschafen auf den Schurplätzen von den Majorals erkauft und dann an Ort und Stelle gehalten wird, so dass sie keine Wanderungen mehr machen können und in Standschafe übergehen. Wander- sowohl als Standschafe kommen bisweilen auch von schwarzer Farbe vor, doch ist diese Färbung bei Weitem seltener als die weisse und auch viel weniger beliebt. Eben so wenig besteht zwischen ihnen ein Unterschied in der Reichlichkeit der Wolle, denn beide liefern eine gleiche Menge und auch im Gewichte kommen sie sich völlig gleich, indem dasselbe bei wohlgenährten Mutterschafen mit Einschluss der Wolle, im Durchschnitte 60—80 Pfund beträgt. Unter den Wanderschafen sind die sorianischen am wenigsten geschätzt, deren Wolle, obgleich sie am längsten ist, um den vierten Theil niederer im Preise steht, als jene der leonischen.

Da die Merino-Schafe eine weit stärkere Ausdünstung als andere Schafracen haben, so lagert sich ein Theil des fetten Schweisses auf der Aussenseite des dichten Vliesses ab, vermengt sich mit Staub und gibt der ganzen Oberfläche ein mehr oder weniger schwärzliches und bisweilen sogar völlig schwarzes Aussehen. Die Standschafe, welche während des Winters bei schlechtem Wetter Schutz unter einem Obdache finden, erhalten durch die Schweisskruste, welche sich auf der Oberfläche ihres Vliesses bildet, eine schmutzige, bräunlichschwarze Färbung. Bei den sorianischen Standschafen fällt die Farbe der Fettkruste des Vliesses fast in's Dunkelschwarze, während sie bei den Wanderschafen mehr in's Weisslichgraue zieht. Dagegen ist dieselbe bei den leonischen Wanderschafen gewöhnlich gelbbräunlich, in's Grauliche ziehend, und die Wolle im Inneren des Vliesses ist sehr fein und weiss.

Die äussere Form des Merino-Schafes der Spanier ist jedoch keineswegs durchgehends gleich, sondern es ergeben sich unter demselben einige wesentliche Unterschiede, die sich auf zwei verschiedene Hauptformen zurückführen lassen. Die eine derselben, nämlich das eigentliche reine, noch unvermischte spanische Schaf, welches auch am häufigsten in Spanien gezogen wird, zeichnet sich durch einen starken, schwerfälligen Körper, niedere Beine und starke Halsfalten, welche eine Art von Wamme bilden, aus. Das Gesicht und die Beine sind bis an die Hufe mit Wolle bedeckt, und das Vliess ist derbwollig und auf der Oberfläche durch die sehr starke, fette Ausdünstung des Thieres, mit einer schwarzen und fast harzigen Kruste überzogen. Die zweite Form, welche wahrscheinlich eine Bastardbildung ist und eine besondere Race bildet, hat eine schlankere und schmächtigere Gestalt, die Beine sind höher, die Hautfalten am Halse nur wenig oder gar nicht vorhanden, so dass eine Wamme gänzlich fehlt, und das Gesicht und die Unterfüsse sind in der Regel ohne wollige Bedeckung. Das Vliess, dessen Wolle weit feiner, sanfter und weicher ist, erscheint auf der Oberfläche mehr dunkelgrau und blos an den Seiten des Körpers ist dasselbe etwas geschwärzt, da die Ausdünstung der Thiere durchaus nicht so stark als bei der schwerfälligen Stammform ist.

Bei der bedeutenden Zunahme der Einführung der Merino-Schafe nach Deutschland, erkannten die deutschen Schafzüchter bald diese Unterschiede, welche sich bei jenen zwei verschiedenen Hauptformen derselben ergeben und belegten dieselben auch mit besonderen Namen. Die schwerfälligere Form, welche eine derbe Wolle und eine sehr starke Neigung zur Ausdünstung hat, daher auch ihr Vliess mit einer beinahe harzigen, schwarzen Kruste überzogen ist, bezeichneten sie mit dem Namen Negretti-Schafe, während sie für die schlankere, feinwolligere und weniger zur Ausdünstung geneigte

Form, deren Vliess mehr dunkelgrau und blos an den Seiten etwas geschwärzt ist, die Benennung Escurial-Schaf vorschlugen. Diese Namen gründen sich auf die beiden Ionischen Stämme von Wanderschafen, von welchen sie die meisten Thiere dieser zwei verschiedenen Formen ableiten zu können glaubten. Da jedoch in der Folge nachgewiesen wurde, dass die spanischen Negretti-Heerden gerade die wenigsten derbwolligen Schafe lieferten und die weichwolligen keineswegs durchaus von den eigentlichen Escurial-Heerden stammten, so sah man sich genöthiget, die Namen zu verändern und wählte für die schwerfälligere Form mit derber Wolle den Namen Infantado, da die meisten Thiere dieser Form von den Infantado-Heerden kamen, für die schmächtigere mit weicher Wolle aber die Benennung Electoral-Schaf und zwar aus dem Grunde, weil die Zucht dieser Form im ehemaligen Churfürstenthume Sachsen zuerst den höchsten Grad von Ausbildung erreichte. Diese beiden Hauptformen des Merino-Schafes sind es, die sowohl in Frankreich als auch in Deutschland gezüchtet werden. In Sachsen und Preussen bilden die Escurial-Schafe die Hauptzucht, während in Österreich wieder vorzugsweise Infantados gezogen werden. Aus diesem Grunde wurde auch von einem hochgeachteten Landwirthe der Vorschlag gemacht, dieselben zum Unterschiede von den Electoral-Schafen, mit dem Namen Imperial-Schafe zu bezeichnen. Die berühmte Heerde von Rambouillet in Frankreich gehört gleichfalls zur Form der Infantados oder Imperials, dagegen werden in Naz, Perpignan und Croissy nur Electoral-Schafe gezogen. Wiewohl diese beiden Schafformen in Spanien nicht so genau geschieden sind und bisweilen unter einander vermischt gezogen werden, so wird ihre Zucht, wenigstens bis jetzt, in Frankreich und Deutschland möglichst rein zu erhalten gesucht. Doch findet man auch in diesen beiden Ländern mancherlei Übergänge der einen Form in die andere, die offenbar ihre Entstehung der Kreuzung derselben mit einander verdanken.

Bei den Merino-Schafen fällt die Brunstzeit in den Monat Juli und nach ungefähr 21 wöchentlicher Tragzeit tritt der Wurf in den Monaten November oder December ein. In der Regel bringt das Weibchen nur ein einziges, seltener dagegen zwei Junge zur Welt. Man lässt sie ungefähr vier Monate an der Mutter saugen und trennt sie dann von derselben, bevor die Wanderung in die nördlichen Gebirge angetreten wird. Ein grosser Theil der Jungen wird jährlich geschlachtet und insbesondere sind es die Männchen, die hierzu erkoren sind. Zur Fortpflanzung und Erhaltung der Nachzucht ist nur eine geringe Zahl von Widdern bestimmt. Verschnitten werden blos die alten, zur Fortpflanzung nicht mehr tauglichen Widder und die alten Leithammeln. Den Männchen werden gewöhnlich die Hörner abgehauen, damit sie sich, wenn sie mit einander kämpfen, weniger zu beschädigen im Stande sind. Dagegen besteht allenthalben in Spanien sowohl, als auch in den anderen Ländern, wo Merinos gezogen werden, die Übung, beiden Geschlechtern die Schwänze bis auf einige wenige Zolle von der Wurzel abzustutzen, um die Ansammlung des Unrathes zu verhindern und die Wolle der angrenzenden Theile vor Beschmutzung zu bewahren. Auch pflegt man dieselben niemals vor der Wollschur zu waschen. Das Alter, welches die Merino-Schafe erreichen, beträgt 20 Jahre und darüber, und die Weibchen sind bis zum fünfzehnten Jahre zur Nachzucht geeignet.

Der Hauptnutzen der Merino-Schafe besteht in dem Ertrage der Wolle, während die Benützung des Fleisches weit weniger in Betrachtung kommt. Gemolken werden dieselben nie, da man aus der Erfahrung weiss, dass dadurch nicht nur allein die Nachzucht leidet, sondern auch die Wolle an Güte und Schönheit verliert.

Bei dem eigentlichen, reinen noch unvermischten spanischen oder Merino-Schafe beträgt der jährliche Ertrag an Wolle im Durchschnitte bei einem einzelnen Stücke 2½ — 3 Pfund, wovon der Centner dermalen einen Werth von 110 — 130 Silbergulden hat. Dieselbe steht demnach in Ansehung des Preises niederer als die Wolle des edlen spanischen Schafes, da sie in der Regel minder fein und auch etwas spröder und starrer ist. Übrigens unterscheidet sie sich von derselben auch noch dadurch, dass sie meist etwas länger und häufig selbst über 2 Zoll lang ist, so wie auch dass der Fettschweiss sich nicht so leicht im Wasser auflöst. Dagegen ist die reine spanische Race etwas besser zur Mästung geeignet, wiewohl dieselbe nicht vor dem dritten Jahre mit Nutzen angewendet werden kann. Man pflegt überhaupt den Thieren schon von Jugend an nicht allzureichliche Nahrung darzubieten, da durch eine solche reichlichere Fütterung sich der Körper rascher entwickeln und schon im jugendlichen Alter mehr Fleisch und Fett ansetzen würde, wodurch offenbar die Feinheit der Wolle mit jedem Jahre verlieren müsste, wie dies auch die Erfahrung bei den englischen Schafracen gelehrt hat.

Das höchste Gewicht eines Widders dieser Race beträgt 88 Pfund, wovon 39 Pfund auf das Fleisch und die Knochen, 6½ Pfund auf das Fett und ein eben so geringes Gewicht auf das Fell entfallen.

Das spanische Seidenschaf.

(Ovis Aries hispanicus sericeus.)

Merinosrace. Merinoschaf mit seidenartiger Wolle. Schmidt. Schafzucht. p. 20.

Das spanische Seidenschaf ist eine erst in neuerer Zeit und zwar blos durch Zufälligkeiten entstandene Race, welche rein fortgezüchtet wurde und ihre Merkmale bis zur Stunde noch erhalten hat. Wahrscheinlich waren es besondere, in der Haltung und Pflege begründete Verhältnisse, welche Veranlassung zu ihrer Entstehung gaben. Ein französischer Schafzüchter Namens Graux, welcher auf seinem Gute Mauchamp eine Heerde von Merino-Schafen (*Ovis Aries hispanicus*) rein fortgezüchtet hatte, erhielt im Jahre 1828 aus dieser Zucht ein Widderlamm, das sich von den übrigen Nachkömmlingen der Heerde durch seine ziemlich lange, schlichte, weiche und völlig seidenartige Wolle unterschied. Diesen Widder paarte er, nachdem er herangewachsen, mit Schafmüttern derselben Heerde und gewann hieraus eine Nachzucht, die allmählich nach wiederholter Paarung mit demselben, alle Eigenschaften des Vaters an sich trug und die er mit grösster Sorgfalt rein zu erhalten suchte. Nach ungefähr zwanzig Jahren bestand die Heerde dieser Race zu Mauchamp aus nicht ganz 600 Stücken. Es befanden sich Anfangs noch manche darunter, welche sich mehr zur Form des eigentlichen spanischen oder Merino-Schafes hinneigten, doch die Nachzucht, welche aus der Kreuzung schlichtwolliger Ältern hervorgegangen war, ererbte genau dasselbe, aus schlichter seidenartiger Wolle bestehende weiche Vliess. Die Zuchten, welche auf einem minder ertragreichen Boden gehalten wurden, blieben jedoch stets kleiner als jene, welche auf besseren Triften weiden konnten und es ist beinahe gewiss, dass diese Verschiedenheit des Bodens auch auf ihre äusseren Formen einigen Einfluss hatte. Ihr Kopf wurde allmählich kleiner, Brust und Lenden nahmen an Breite zu, der Hals verkürzte sich und die Widder kamen zuletzt hornlos zur Welt.

Die Schafe dieser Race nähren sich übrigens eben so gut als jene der eigentlichen Merino-Racen und erfordern auch durchaus keine andere Pflege. Der Hauptvortheil, welchen die Zucht derselben gewährt, liegt in ihrer Wolle, welche sich durch Glanz, Weichheit und Feinheit, im rohen Zustande wie im vollendeten Gewebe auszeichnet, so wie nicht minder auch durch die Stärke der einzelnen Wollfäden, wodurch sie sich zur Verarbeitung mit dem Kamme und zur Verfertigung von nicht gefilzten Stoffen mit glatter Oberfläche ganz vorzüglich eignet. Die aus dieser Wolle verfertigten Shawls stehen den Kaschmir'schen am nächsten und übertreffen an Weichheit selbst jene, welche aus der feinsten sächsischen Merino-Wolle gewoben sind. Für die Fabrikanten von Kaschmir-Stoffen hat diese Wolle einen um so grösseren Werth, als sie sich mit dem Kaschmir-Flaum zur Kette vermischen lässt und dem Stoffe mehr Stärke gibt, ohne seinen Glanz und seine Weichheit auch nur im Geringsten zu beeinträchtigen. Die Stärke des einzelnen Haares bemerkt man auch schon bei der Verarbeitung, indem die schlichte Wolle dieser Race beim Kämmen um einige Percente weniger abgerissene Fäden, die zum Kammgarne nicht mehr brauchbar sind, als eben so feine Merino-Wolle gibt. Aus diesem Grunde schätzt man den Werth derselben auch um 15 Percent höher, als jenen der Merino-Wolle von derselben Feinheit, und dieser höhere Werth entschädiget hinlänglich für das geringe Schurgewicht, das selbst noch jenem der eigentlichen Merino-Schafe nachsteht. Aber nicht nur aus der Wolle, sondern auch aus dem Fleische und dem Fette, kann ein bedeutender Gewinn von dieser Schafrace gezogen werden, indem sie sich ziemlich gut mästen lässt und eine ansehnliche Menge von Fett absetzt, das sich jedoch nicht wie bei den englischen Schafen auf der Oberfläche des Körpers, sondern wie bei allen spanischen Schafen, im Inneren des Leibes ablagert. Ein solcher gemästeter Widder gelangt zu einem Fleischergewichte von 62 Pfund, wovon 30 Pfund allein auf das Fett kommen. Diese Vorzüge vor den anderen Merino-Racen, sind jedenfalls beachtenswerth und es ist kaum zu zweifeln, dass in der Folge diese Race eine weit grössere Verbreitung finden wird, als es bei der verhältnissmässig geringen Zahl der Stammheerde bisher möglich war. Sie ist auch vielleicht dazu berufen, in Zukunft selbst noch zu einer höheren Bedeutung zu gelangen, insbesondere aber wenn die noch immer im Steigen begriffene Einfuhr von Tuchwolle aus jenseits der See gelegenen Ländern fortwährt und der Geschmack an ungefilzten Stoffen mit glatter Oberfläche für die Dauer anhält.

Das edle spanische Schaf.
(Ovis Aries hispanicus nobilis.)

Ovis Aries hispanica. Bechst. Naturg. Deutschl. B. I. p. 363. Nr. 5. a. t. 3. f. 1.
Ovis rustica hispanica estans. Walther. Racen u. Art. der Schaafe. Annal. d. wetterau. Gesellsch. B. I. p. 283. Nr. 1. B.
Spanisches Schaf. Merinos Estans. Erdelyi. Zoophysiol. p. 101. A. b.
Ovis dolichura. Var. A. *Spanisches Schaf. Merinos estans.* Brandt und Ratzeburg. Medic. Zool. B. I. p. 58. Nr. I. A. b.
Ovis Aries domesticus hispanicus. Fitz. Fauna. Beitr. z. Landesk. Österr. B. I. p. 320.
Argurerom Ovis hispanica. Electoral-Rasse. Wagner. Schreber Säugth. B. V. Th. I. p. 1405. Nr. 12. I.
Ovis aries stirps hispanica. Reichenb. Naturg. Wiederk. t. 54. f. 304—306.
Hausschaaf. Merino. Pöppig. Illustr. Naturg. B. I. p. 265. f. 961. p. 261.
Merinos Schaf. Electoral-Race. Schmidt. Schafzucht. p. 18. t. 6.

Das edle spanische Schaf, das bei den Landwirthen auch unter dem Namen Escurial- oder Electoral-Schaf bekannt ist und von denselben für die edelste unter den spanischen Schafracen betrachtet wird, scheint aller Wahrscheinlichkeit nach eine Bastardbildung zu sein, welche auf der Kreuzung des eigentlichen oder reinen, noch unvermischten spanischen Schafes *(Ovis Aries hispanicus)* mit dem spanischen Heideschafe *(Ovis brachyura hispanica)* beruht, und dürfte sonach für einen einfachen Bastard reiner Kreuzung angesehen werden. Auf eine andere Weise lässt sich seine Abstammung nicht erklären, da weder Bodenverhältnisse, noch Zucht und Cultur im Stande sind, jene Veränderungen in den körperlichen Formen zu bewirken und daher kein anderer Ausweg übrig bleibt, als eine Bastardbildung anzunehmen. Die Merkmale, welche es in seinen äusseren Formen darbietet, scheinen die hier ausgesprochene Ansicht auch vollkommen zu bestätigen, indem es unverkennbar die Kennzeichen der beiden angegebenen Stammältern in sich vereiniget.

Es ist von mässiger Grösse, doch etwas kleiner als das reine, unvermischte spanische Schaf und auch schlanker und schmächtiger als dieses gebaut. Sein ziemlich grosser, hoher breiter Kopf geht in eine nicht sehr stumpf zugespitzte, abgeflachte Schnauze aus und bietet eine abgeplattete Stirne und einen nicht sehr stark gewölbten Nasenrücken dar, insbesondere aber bei den Mutterschafen, bei denen die Wölbung nur sehr schwach erscheint. Die Augen sind ziemlich klein, die Thränengruben verhältnissmässig gross. Die mittellangen, schmalen zugespitzten Ohren sind zusammengeklappt, und nach seit- und etwas nach abwärts, bisweilen aber auch schwach nach aufwärts gerichtet. Die Widder werden meistens gehörnt, die Mutterschafe dagegen fast immer hornlos angetroffen. Die Länge, Stärke und Windung der Hörner ist dieselbe, wie beim reinen unvermischten spanischen Schafe, nur ist das Schneckengewinde in der Regel weiter und die Hornspitzen sind nicht selten auch nach abwärts gekehrt.

Der Hals ist ziemlich kurz und dick, doch bietet die Haut desselben nur schwache Falten und blos eine undeutliche Wamme dar, insbesondere aber in der Kehlgegend, wo dieselbe kaum bemerkbar ist. Der gedrungene, runde volle Leib ist nicht besonders stark untersetzt, der Widerrist wenig erhaben, der Rücken breit, gerundet und schwach gesenkt, und die Croupe rund, voll und etwas höher als der Widerrist. Die Beine sind von mittlerer Höhe, höher als beim reinen spanischen Schafe und verhältnissmässig etwas schlank, die Hufe kurz und stumpf zugespitzt. Der Schwanz ist mittellang, ringsum von kurzer gekräuselter Wolle umgeben und hängt schlaff am Hintertheile des Körpers fast bis zum Fersengelenke herab. Das Gesicht, die Ohren und die Beine, bis über die Hand- und Fusswurzel hinauf, so wie die Innenseite der Oberarme und der Schenkel, sind mit kurzen, glatt anliegenden Haaren bedeckt, der Scheitel, die Wangen und die übrigen Theile des Körpers mit einer kurzen, dichten, überaus weichen und feinen, höchst regelmässig gekräuselten Wolle. Die fette Kruste, welche die Oberfläche des Vliesses überzieht und durch die ziemlich starke Ausdünstung des Thieres gebildet wird, zieht im Allgemeinen mehr in's Dunkelgraue und erscheint blos an den Seiten des Körpers mehr geschwärzt. Die Färbung ist in der Regel hell gelblich weiss und erhält den dunkelgrauen Anflug blos durch die in Folge des Schweisses sich bildende Kruste. Nur selten werden schwarze Thiere unter dieser Race angetroffen. Das Fell ist ziemlich dünn.

Der grösste Vorzug dieser Race besteht in der ausserordentlichen Feinheit und Weichheit ihrer Wolle, worin sie fast alle übrigen Schafracen übertrifft. Aus diesem Grunde wird dieselbe auch jener des reinen spanischen Schafes oder der sogenannten Infantado-Race vorgezogen. Ihre hohe Feinheit und sanfte Kräuselung, im Vereine mit möglichster Ausgeglichenheit, gedrängtem Stande und gut gebautem Stappel, machen dieselbe überaus geschätzt, und ihre Hauptbenützung besteht in der Verfertigung feinerer Tücher. Die Wolle, welche nicht über 1 3/4 Zoll in der Länge hat und als Krämpelwolle verarbeitet wird, pflegt man erst nach der Schur zu waschen, und der Fettschweiss, welcher das Vliess krustenartig überzieht, ist ziemlich leicht im Wasser löslich. Der jährliche Ertrag an Wolle beträgt bei einem einzelnen Thiere im Durchschnitte 1 3/4 — 2 Pfund, wovon der Centner mit 150 — 230 Silbergulden bezahlt wird. Bezüglich der Mästungsfähigkeit steht das edle spanische Schaf der reinen, unvermischten Race nach, indem es noch weniger als diese, zum Fettansatze geeignet ist. Das gewöhnliche Gewicht eines erwachsenen Thieres beträgt 50—60, bisweilen aber auch selbst bis 80 Pfund. Von einem 66 Pfund schweren Schafe dieser Race entfallen 31 Pfund auf Fleisch und Knochen, 4 Pfund auf Fett und 4 1/2 Pfund auf das Fell, daher es eben so wie das unvermischte spanische Schaf, 60 Percent an nutzbaren Theilen liefert. In Ansehung der Grösse sowohl, als auch der Feinheit der Wolle, ergeben sich bei dieser Race einige Verschiedenheiten. Der grösste Schlag derselben wird in Castilien angetroffen, der kleinste dagegen in Valencia, wo keine Wanderschafe gehalten werden und dieser Schlag ist es auch, dessen Wolle für die feinste gilt.

Das gemeine spanische Schaf.
(*Ovis Aries hispanicus rusticus.*)

Ovis rustica hispanica ambulans. Chourros. Walther. Racen u. Art. der Schaafe. Annal. d. wetterau. Gesellsch. B. I. p. 283. Nr. 1. A. b.
Ovis rustica hispanica. Aconchada. Walther. Racen u. Art. der Schaafe Annal. d. wetterau. Gesellschaft. B. I. p. 283. Nr. 1. A. d.
Spanisches Schaf. Churros. Erdelyi. Zoophysiol. p. 101. A. b.
Ovis dolichura. Var. A. Spanisches Schaf. Churrosschaf. Brandt u. Ratzeburg. Medic. Zool. B. I. p. 58. Nr. I. A. a.
Aegoceros Ovis hispanica. Churros-Rasse. Wagner. Schreber Säugth. B. V. Th. I. p. 1406. Nr. 12. I.

Das gemeine spanische Schaf oder das sogenannte Churro-Schaf, scheint eine schon in früherer Zeit entstandene Blendlingsform zu sein, welche aus der Kreuzung des reinen spanischen oder Merino-Schafes *(Ovis Aries hispanicus)* mit dem gemeinen Muflon *(Ovis Musimon)* hervorgegangen ist und deren Raceneigenthümlichkeiten sich auf ihre Nachkommen vererbt haben. Dasselbe dürfte sonach ein einfacher Bastard reiner Kreuzung sein. Es ist die grösste unter den in Spanien gezogenen Schafracen und kommt hierin beinahe mit dem gemeinen Muflon überein, an den es auch in seinem ganzen Baue mehr oder weniger erinnert. Sein Kopf ist nur von mässiger Grösse, kurz, hinten hoch und breit, nach vorne zu verschmälert, und endiget in eine stumpf zugespitzte und abgeflachte Schnauze. Die Stirne ist nur sehr wenig erhaben, beinahe flach, und der Nasenrücken ziemlich stark gewölbt. Die Augen sind verhältnissmässig klein, die Ohren von mittlerer Länge, schmal, zugespitzt, zusammengeklappt und nach seitwärts, bisweilen aber auch etwas nach aufwärts gerichtet. Die Widder sind fasst immer gehörnt, die Mutterschafe aber regelmässig hornlos. Die Hörner sind fast von derselben Form wie beim Merino-Schafe, nur ist die Spiralwindung derselben minder eng.

Der Hals ist ziemlich kurz und dick, und die beinahe straff anliegende Haut desselben bildet an der Vorderseite nur eine sehr schwache Wamme. Der Leib ist ziemlich gedrungen, stark, kräftig und gerundet, der Widerrist nur wenig erhaben, der Rücken fast gerade, und die runde volle Croupe etwas höher als der Widerrist. Die Brust ist ziemlich breit, der Bauch rund und voll. Die Beine sind von mittlerer Höhe, doch höher als beim Merino-Schafe, und eben so stark und kräftig. Die Hufe sind kurz und stumpf zugespitzt. Der mittellange, schlaff herabhängende Schwanz, welcher nicht ganz bis zum Fersengelenke reicht, ist ringsum mit dichter Wolle besetzt. Das Gesicht, die Ohren und die Unterfüsse sind mit kurzen, glatt anliegenden Haaren bedeckt, der übrige Körper, mit Ausnahme des beinahe völlig kahlen Bauches, mit einer sehr dichten, kurzen, weichen und ziemlich regelmässig gekräuselten Wolle, welche jedoch verhältnissmässig etwas länger als beim Merino-Schafe, und auch bei Weitem minder fein und viel weniger gekräuselt ist. Die Färbung ist verschieden, indem sie bald einförmig schmutzig gelblichweiss, röthlichbraun oder schwarz, bald aber auch buntscheckig aus diesen Farben gefleckt erscheint. Häufig sind die Füsse rothbraun, der übrige Körper weiss. Die kahle Haut des Bauches ist dunkel fleischfarben. Die Hörner sind bräunlich hornfarben, die Hufe schwärzlich, die Iris ist gelblich.

Das gemeine spanische Schaf wird hauptsächlich in jenen Provinzen von Spanien gezogen, welche von den wandernden Merino-Schafen nicht betreten werden dürfen, insbesondere aber in Valencia, Catalonien und dem nördlichen Theile von Navarra. Doch wird es auch in manchen Gegenden von Castilien und Estremadura angetroffen. Man zieht es sowohl in den Ebenen, als auch in den Gebirgen, doch erreichen die im Flachlande gezogenen Thiere stets eine bedeutendere Grösse als jene, welche in den Gebirgsgegenden gehalten und von den Spaniern mit der Benennung Aconchadas bezeichnet werden. In Ansehung der Haltung geniesst es völlige Freiheit, indem es das ganze Jahr hindurch unter freiem Himmel weidet. Doch halten die Heerdenbesitzer ihre Schafe stets beisammen und treiben sie nur auf die Weiden in der Umgebung ihrer Wohnsitze. Wiewohl das gemeine spanische Schaf wenig empfindlich gegen die Einflüsse der Witterung ist, und sehr gut Kälte und selbst Nässe erträgt, so besitzt es doch nicht die Dauerhaftigkeit, welche den wandernden Merino-Schafen eigen ist. Dies hat die Erfahrung gelehrt, als man diese Race nach Österreich verpflanzen wollte, wo nicht der vierte Theil der hierzu bestimmten Heerde die Beschwerden der Reise ausgehalten hat. Die Wolle, welche zwar viel besser als bei unseren deutschen Landschafen ist, jener des Merino-Schafes aber weder an Feinheit und Kräuselung, noch an allen übrigen Eigenschaften auch nur entfernt gleich kommt, wird blos zu gröberen Stoffen verwendet und steht daher auch keineswegs in irgend einem höheren Werthe. Demungeachtet ist der Gewinn, welchen dieselbe den Heerdenbesitzern bringt, keineswegs unbeträchtlich, indem auch die gröberen Tücher, die aus derselben verfertiget werden, reichlichen Absatz finden. Auch zur Mästung ist das gemeine spanische Schaf geeignet, wiewohl dieselbe nur in wenigen Gegenden bei demselben angewendet wird. Das Fleisch ist wohlschmeckend und saftig, und fast nur diese Race allein ist es, welche die Spanier mit Schaffleisch versieht. Hie und da werden die Schafmütter auch gemolken, um aus der Milch derselben Käse zu bereiten, doch ist diese Übung in Spanien nur auf sehr wenige Gegenden beschränkt, da es allgemein bekannt ist, dass durch das Melken die Wolle noch mehr verschlechtert wird.

Das spanische Bastardschaf.

(Ovis Aries hispanicus hybridus.)

Ovis rustica hispanica ambulans. Metis. Walther. Racen u. Art. der Schaafe. Annal. d. wetterau. Gesellschaft. B. I. p. 283. Nr. 1. A. c.
Spanisches Schaf. Metis. Erdelyi. Zoophysiol. p. 101. A. b.
Ovis dolichura. Var. A. Spanisches Schaf. Metisschaf. Brandt u. Ratzeburg. Medic. Zool. B. I. p. 58. Nr. I. A. e.
Ovis Aries domesticus hispanicus. Fitz. Fauna. Beitr. z. Landesk. Österr. B. I. p. 320.
Aegoceros Ovis hispanica. Metis-Schaf. Wagner. Schreber Säugth. D. V. Th. I. p. 1407. Nr. 12. I.

Das spanische Bastardschaf, auch unter dem Namen **Metis-** oder **Mestiz-Schaf** bekannt, ist ein Blendling, der auf der Vermischung des reinen spanischen oder Merino-Schafes *(Ovis Aries hispanicus)* mit dem gemeinen spanischen oder **Churro-Schafe** *(Ovis Aries hispanicus rusticus)* beruht, und daher ein einfacher Bastard gemischter Kreuzung. Diese Race, welche in allen jenen Gegenden von Spanien angetroffen wird, wo die Heerden ihrer beiden Stammältern zusammentreffen, steht im Allgemeinen sowohl in Beziehung auf die Grösse, als auch auf die Formen ihres Körpers, zwischen denselben in der Mitte, nähert sich aber bald mehr der einen, bald der anderen dieser Racen, daher sie bisweilen fast von derselben Grösse wie das Churro-Schaf, nicht selten aber auch nur wenig grösser als das Merino-Schaf getroffen wird. Dasselbe Verhältniss findet auch in Ansehung der Wolle Statt, die bald etwas gröber, bald aber auch etwas feiner ist. Die Färbung ist durchgehends entweder weiss oder schwarz. Das spanische Bastardschaf wird so wie das Churro-Schaf, als Standschaf gehalten und geniesst im Allgemeinen auch nur eine geringe Pflege, da man keinen besonderen Werth auf dasselbe legt. Den Haupertrag liefert die Wolle, obgleich sie bezüglich der Feinheit unter den spanischen Wollsorten nur den zweiten Rang einnimmt und blos zu mittelfeinen Tüchern verwendet werden kann, daher sie auch verhältnissmässig in nicht sehr hohem Preise steht. Fast eben so gross ist aber auch der Gewinn, den das Fleisch abwirft, da eine nicht unbeträchtliche Zahl von Widdern sowohl als Mutterschafen, zum Schlachten bestimmt ist.

Das französische Schaf.

(Ovis Aries gallicus.)

Brebis. Buffon. Hist. nat. T. V. p. 21. t. 1, 2, 7.
Ovis Aries. Linné. Syst. nat. ed. XII. T. I. P. I. p. 97. Nr. 1.
Schaf von Frankreich. Buffon, Martini. Naturg. d. vierf. Thiere. B. I. p. 313. t. 12.
Brebis commune. Buffon. Hist. nat. Supplém. T. III. p. 66. t. 6.
Ovis Aries. Erxleben. Syst. regn. anim. T. I. p. 242. Nr. 1.
Ovis Aries. Gmelin. Linné Syst. nat. ed. XIII. T. I. P. I. p. 197. Nr. 1.
Bélier et Brebis. Encycl. méth. t. 46. f. 2, 3.
Ovis Aries leptura. Schreber. Säugth. I. 290. A, B.
Ovis rustica gallica. Walther. Racen u. Art. d. Schaafe. Annal. d. wetterau. Gesellsch. B. I. p. 285. Nr. 3.
Ovis aries gallica. Desmar. Mammal. p. 491. Nr. 741. Var. F.
Ovis aries. Mouton commun. Mouton de France. Lesson. Man. de Mammal. p. 400. Nr. 1048. 6.
Mouton ordinaire. Isid. Geoffroy. Dict. class. d'hist. nat. T. XI. p. 269.
Capra Aries Rusticus Gallicus. Fisch. Syn. Mammal. p. 490. Nr. 10. γ. b.
Ovis dolichura. Var. B. Französisches Schaf. Brandt u. Ratzeburg. Medic. Zool. B. I. p. 58. Nr. 1. B.
Ovis Aries domesticus gallicus. Fitz. Fauna Beitr. z. Landesk. Österr. B. I. p. 321.
Ovis Aries. Var. 6. Gemeiner Haushammel. Tilesius. Iaussiege. Isis. 1835. p. 953. Nr. 6.
Argoceros Ovis leptura. Var. d. Französisches Schaf. Wagner. Schreber Säugth. B. V. Th. I. p. 1417. Nr. 12. II. d.
Mouton domestique. Var. f. Ovis aries gallica. Desmar. D'Orbigny Dict. d'hist. nat. T. VIII. p. 415. Nr. 4. f.

Das französische Schaf ist eine ursprünglich über ganz Frankreich und zum Theile auch über Belgien verbreitete Abänderung des Landschafes *(Ovis Aries)*, die sich eben so auf klimatische, wie auf Bodenverhältnisse gründet. Sie gehört zu den mittelgrossen Formen und steht in Anschung ihrer körperlichen Merkmale zwischen dem spanischen und deutschen Schafe in der Mitte, wiewohl es sich in Bezug auf Grösse sowohl, als Körperform, mehr dem deutschen Schafe nähert. Der Kopf ist ziemlich klein und schwach gestreckt, hinten weder sehr breit noch hoch, und die Schnauze stark verschmälert und stumpf zugespitzt. Die Stirne ist sehr schwach gewölbt und von dem gleichfalls nur sanft gewölbten Nasenrücken durch eine seichte Einbuchtung getrennt. Die Augen sind nicht besonders klein und die mittellangen, schmalen, zugespitzten und zusammengeklappten Ohren sind vollständig nach seitwärts und bisweilen auch etwas nach aufwärts gerichtet. In der Regel sind nur die Widder gehörnt, seltener dagegen die Schafmütter, doch werden auch unter den Widdern häufig ungehörnte Thiere angetroffen. Die Hörner derselben sind viel kürzer und schwächer als beim spanischen Schafe und bieten nur eine einfache halbzirkelförmige Windung dar, indem sie sich von der Wurzel, wo sie nicht sehr nahe neben einander stehen, nur in sehr geringer Erhebung über dem Scheitel, nach seit-, rück-, ab- und vorwärts wenden, und die Spitze nach auf- und auswärts kehren. Die Hörner der Schafmütter sind nur durch ihre geringere Grösse und mindere Stärke von jenen der Widder verschieden.

Der Hals ist nicht sehr kurz und verhältnissmässig etwas dünn, und am Vorderhalse ist kaum eine Spur von einer herabhängenden Hautwamme vorhanden. Der Leib ist gedrungen und voll, der Widerrist wenig erhaben, der Rücken gerundet und sehr schwach gesenkt, und die volle runde Croupe etwas höher als der Widerrist. Die Brust ist nicht besonders breit, der Bauch voll und bisweilen etwas hängend. Die Beine sind von mittlerer Höhe, ziemlich stark und kräftig, die Hufe meistens kurz und stumpf zugespitzt. Der mittellange, schlaff herabhängende Schwanz ist ringsum mit einer straffen gewellten und fast zottigen Wolle behaart, und reicht sammt derselben bis etwas unter das Fersengelenk herab. Die Wirbelsäule enthält 46 Wirbel, 7 Halswirbel, 13 Rückenwirbel, 6 Lendenwirbel, 4 Kreuzwirbel und 16 Schwanzwirbel. Das Gesicht, die Ohren, die Kehle und die Beine, bis über das Hand- und Fusswurzelgelenk hinauf, sind mit kurzen, glatt anliegenden Haaren besetzt, während der übrige Körper von einer sehr dichten, ziemlich kurzen und groben, nur auf dem Rücken und dem Halse schwach gekräuselten, sonst aber gewellten und zottigen Wolle reichlich bedeckt wird. Am Vorderhalse, an den Leibesseiten, den Schultern und am Bauche ist die Wolle etwas länger, und am längsten, zugleich aber auch am gröbsten, an der Aussenseite des Schwanzes und der Schenkel, wo sie eine Länge von nahe an 5 Zoll erreicht. Die Farbe ist gewöhnlich schmutzig- oder gelblichweiss, bisweilen aber auch dunkel- oder schwarzbraun, und sehr oft erscheint sie schwarz auf weissem Grunde gefleckt. Die Hörner sind licht gelblich hornfarben, die Hufe schwärzlich. Die Iris ist bräunlichgelb. Die Länge eines erwachsenen Widders beträgt 3 Fuss 1 Zoll, die Länge des Schwanzes ohne dem Haare 1 Fuss 1 Zoll, die Höhe am Widerrist 1 Fuss 9 Zoll, am Kreuze 1 Fuss 10 Zoll. Bisweilen werden aber auch einzelne Widder mit 2 Fuss 4 Zoll Schulterhöhe angetroffen.

Das französische Schaf wird dermalen grösstentheils nur in den ebenen, von Hügeln oder kalkigen Bergen durchzogenen Gegenden des Landes gehalten. Nicht überall ist es aber vollkommen gleich gebildet, sondern es ergeben sich, je nach der Verschiedenheit der örtlichen Verhältnisse der Gegenden, in denen es gezogen wird, mancherlei, wenn auch nicht erhebliche Abweichungen zwischen den einzelnen Zuchten, daher auch die Landwirthe mehrere Schläge unter demselben unterscheiden. Hierher gehören das Schaf der Picardie und der Landschaften Brie und Beauce im nordöstlichen Theile von Frankreich. In früherer Zeit war es das Herzogthum Berry, welches die meisten Heerden zählte. Heut zu Tage jedoch wird diese, die Stammrace der französischen Schafe bildende Form bei Weitem nicht mehr so häufig als ehemals in ihrem ursprünglichen, reinen Zustande angetroffen, denn in den meisten Gegenden wurde sie, in Folge der Kreuzung mit anderen Schafracen, die man der Wollverbesserung wegen vorgenommen hat, mehr oder weniger verändert, und es sind dadurch neue Racen entstanden, welche die ursprüngliche Stammrace aus manchen Theilen ihres früheren Verbreitungsbezirkes beinahe vollständig verdrängt haben, so dass dieselbe dermalen nur noch von dem ärmeren Landmanne allein noch gezogen wird.

Die Haltung des französischen Schafes ist von der unseres gemeinen deutschen oder Zaupelschafes durchaus nicht verschieden, so wie es auch in seinen Eigenschaften völlig mit demselben übereinkommt. In vielen Gegenden geniesst es so wie dieses, auch nur eine sehr ärmliche Pflege, indem es im Sommer auf spärlich bewachsenen Hutweiden sich seine Nahrung suchen muss und im Winter bisweilen fast nur mit Stroh gefüttert wird. Dort, wo es bessere Nahrung findet, gedeiht es auch weit mehr, und erreicht daher daselbst auch eine bedeutendere Grösse und einen ansehnlicheren Umfang. Der Hauptertrag dieser Race besteht in dem Fleische, da der grösste Theil der Zuchten, und zwar Widder sowohl als Schafmütter, zum Schlachten bestimmt ist. Die Widderlämmer werden mit Ausnahme derjenigen, welche man zur Nachzucht nöthig hat, durchgehends verschnitten und gemästet. Die Güte des Fleisches richtet sich nach der Nahrung, welche den Thieren zu Theil wird. Die verhältnissmässig kurze grobe Wolle dient nur zur Verfertigung von Strickgarn und gröberen Stoffen, und steht desshalb auch nur in geringerem Werthe. In manchen Gegenden wird auch die Milch benützt und zur Käsebereitung verwendet.

Man unterscheidet dermalen fünf verschiedene Racen, welche von dem französischen Schafe stammen; das Berry-Schaf *(Ovis Aries gallicus bituriensis)*, das edle französische Schaf *(Ovis Aries gallicus nobilis)*, das Sologne-Schaf *(Ovis Aries gallicus soloniensis)*, das Ardennen-Schaf *(Ovis Aries gallicus arduennicus)* und das normannische Schaf *(Ovis Aries gallicus normannus)*, welche durchaus Bastarde sind.

Das Berry-Schaf.
(Ovis Aries gallicus bituriensis.)

Brebis de Berri. Buffon. Hist. nat. T. V. p. 21.
Schaf von Berri. Buffon. Martini. Naturg. der vierf. Thiere. B. I. p. 313.
Ovis rustica gallica. Brionne Race. Walther. Racen u. Art. d. Schaafe. Annal. d. wetterau. Gesellsch. B. I. p. 285. Nr. 3.
Ovis aries gallica. Var. c. Bérichonne. Desmar. Mammal. p. 491. Nr. 741. F. Var. c.
Ovis dolichura. Var. B. Französisches Schaf. Brioner-Race. Brandt u. Ratzeburg. Medic. Zool. B. I. p. 58. Nr. I. B.
Ovis Aries domesticus gallicus. Fitz. Fauna. Beitr. z. Landesk. Österr. B. I. p. 321.
Aegoceros Ovis leptura. Var. d. Französisches Schaaf. Bérichonne. Wagner. Schreber Säugth. B. V. Th. I. p. 1417. Nr. 12. II. d.
Mouton domestique. Var. f. Ovis aries gallica. Race 4. Race berichonne. Desmar. D'Orbigny Dict. d'hist. nat. T. VIII. p. 415. Nr. 4. f. 4.
Schaf mit gekräuselter Wolle. Schmidt. Schafzucht. p. 12. Nr. 4. c.

Das Berry-Schaf oder die *Race bérichonne* der französischen Landwirthe, scheint ein Blendling zu sein, der auf der Vermischung des eigentlichen oder reinen französischen Schafes *(Ovis Aries gallicus)* mit dem reinen, noch unvermischten spanischen Schafe *(Ovis Aries hispanicus)* beruht, und dürfte daher für einen Halbbastard reiner Kreuzung angesehen werden. In seinen Körperformen kommt es zunächst mit dem edlen französischen Schafe überein, nur ist es in der Regel etwas grösser als dasselbe, stärker und voller als dieses gebaut. Der Kopf ist breiter und höher, die Schnauze dicker, der Nasenrücken etwas mehr gewölbt. Die Form und Richtung der Ohren sind genau so wie beim edlen französischen Schafe, und so wie bei diesem, sind auch beim Berry-Schafe beide Geschlechter ungehörnt. Der Hals ist verhältnissmässig etwas lang und dünn, die Haut desselben leicht gefaltet und am Vorderhalse befindet sich eine mässig starke Wamme, welche sich von der Kehle bis zur Brust hinzieht. Der Leib ist ziemlich voll und die Beine sind verhältnissmässig etwas nieder. Die Bildung des Schwanzes ist dieselbe wie bei den beiden Stammracen, und die Behaarung weicht nur in so ferne von der des edlen französischen Schafes ab, dass die Wolle etwas minder fein ist, und ausser dem Scheitel und den Wangen, auch die Unterfüsse mehr oder weniger mit Wolle bedeckt sind. Die Färbung ist gewöhnlich schmutzig gelblichweiss, und die schwache Fettkruste, welche sich auf der Oberfläche des Vliesses ablagert, ist von dunkelbrauner, etwas in's Schwärzliche ziehender Farbe.

Das Berry-Schaf wird hauptsächlich in den zum Theile fruchtbaren, zum Theile sandigen Ebenen des Herzogthums Berry im nordwestlichen Frankreich gezogen, aber auch noch in manchen anderen Gegenden dieses Landes gehalten. Die zahlreichsten Zuchten werden jedoch in Berry getroffen und sie sind auch die ältesten unter den veredelten Schafen im ganzen Lande. In früherer Zeit und bevor noch das edle französische Schaf bekannt war, galt der Schlag von Brionne für die beste Schafrace in Frankreich, während man heut zu Tage jenem von Roussillon den Vorzug gibt, der dem edlen französischen Schafe beizuzählen ist. Das Berry-Schaf wird nur als Standschaf gehalten und ist in Bezug auf die Nahrung sehr genügsam. Es erfordert jedoch eine etwas sorgsamere Pflege, da es gegen die Einflüsse der Witterung empfindlicher als andere der französischen Racen ist. Die Wolle ist nicht ganz von derselben Güte wie die des edlen französischen Schafes und steht daher auch in geringerem Werthe, indem der Centner nur mit 80—100 Silbergulden bezahlt wird. Dagegen ist das Fleisch von derselben Güte und auch die Mästungsfähigkeit ist etwas grösser.

Das edle französische Schaf.
(Ovis Aries gallicus nobilis.)

Brebis de Poitou. Buffon. Hist. nat. T. V. p. 21.
Brebis de la Provence. Buffon. Hist. nat. T. V. p. 21.
Brebis de Bayonne. Buffon. Hist. nat. T. V. p. 21.
Schaf von Poitou. Buffon, Martini. Naturg. d. vierf. Thiere. B. I. p. 313.
Schaf von der Provence. Buffon, Martini. Naturg. d. vierf. Thiere. B. I. p. 313.
Schaf von Bayonne. Buffon, Martini. Naturg. d. vierf. Thiere. B. I. p. 313.
Brebis de Poitou, de la Provence et de Bayonne. Encycl. méth. p. 32.
Ovis aries gallica. Var. d. Russillonaise. Desmar. Mammal. p. 491. Nr. 741. F. Var. d.
Ovis dolichura. Var. B. Französisches Schaf. Roussilloner-Race. Brandt u. Ratzeburg. Medic. Zool. B. I. p. 58. Nr. 1. B.
Ovis Aries domesticus gallicus. Fitz. Fauna. Beitr. z. Landesk. Österr. B. I. p. 321.
Aegocerus Ovis leptura. Var. d. Französisches Schaf. Roussillonaise. Wagner. Schreber Säugth. B. V. Th. I. p. 1418. Nr. 12. II. d.
Mouton domestique. Var. f. Ovis aries gallica. Race 3. Race roussillonaise. Desmar. D'Orbigny Dict. d'hist. nat. T. VIII. p. 415. Nr. 4. f. 3.
Schaf mit gekräuselter Wolle. Schmidt. Schafzucht. p. 12. Nr. 4. c.

Das edle französische Schaf oder die *Race roussillonaise* der Franzosen, ist eine Blendlingsrace, welche ihre Entstehung der Kreuzung des eigentlichen oder reinen französischen Schafes *(Ovis Aries gallicus)* mit dem edlen spanischen Schafe *(Ovis Aries hispanicus nobilis)* zu verdanken hat, wie dies aus seinem ganzen Äusseren sehr deutlich hervorgeht. Dasselbe kann daher unbedingt für einen einfachen Bastard gemischter Kreuzung betrachtet werden. Es ist kleiner als das letztere und steht häufig auch an Grösse selbst dem ersteren zurück. In Ansehung seiner Formen hält es das Mittel zwischen beiden, indem es von jeder dieser Racen einzelne Merkmale in sich vereiniget. Der Kopf ist etwas länger als beim edlen spanischen Schafe, die Schnauze schmäler, die Stirne flacher und der Nasenrücken schwächer gewölbt. Die Augen sind etwas grösser, und die Ohren nach seit- und meist auch etwas nach aufwärts gerichtet. Beide Geschlechter sind hornlos. Der Hals ist etwas länger und dünner als beim edlen spanischen Schafe, die Haut desselben durchaus ohne Falten, und am Vorderhalse zieht sich eine sehr schwache Wamme bis zur Brust herab. Der Leib ist minder voll und

(Fitzinger.)

die Beine sind etwas schwächer. Der Schwanz ist völlig so wie bei den beiden Stammracen gebildet, und auch die Behaarung des Körpers ist dieselbe, doch ist die sehr regelmässig gekräuselte Wolle, welche das Vliess bildet, und auch den Scheitel und die Wangen deckt, keineswegs so fein als beim edlen spanischen Schafe. Die Färbung ist meist schmutzig gelblichweiss und ein schwacher fettiger Überzug von gelbbräunlicher, in's Grauliche ziehender Farbe, deckt fast krustenartig die Aussenseite des Vliesses. Die Schulterhöhe schwankt zwischen 1 Fuss 2—9 Zoll.

Das edle französische Schaf wird vorzugsweise in den Gebirgsländern des südwestlichen und südöstlichen Theiles von Frankreich gehalten, so wie nicht minder auch an den sandigen Küsten der See. Insbesondere sind es aber die Grafschaft Roussillon in der Dauphiné, die Umgegend von Bayonne in der Provinz Gascogne, so wie die Provinzen Provence und Poitou, wo es in zahlreichen Heerden gezogen wird. In anderen Gegenden von Frankreich wird es jedoch nur seltener angetroffen, und meist sind es daselbst nur einzelne Schafzüchter, welche auf ihren Besitzungen grössere oder kleinere Heerden von dieser Race unterhalten.

So wie bei der reinen, unvermischten Race des französischen Schafes, ergeben sich auch bei dieser veredelten Race mancherlei Unterschiede zwischen den verschiedenen Zuchten, die ihren Grund in den örtlichen Verhältnissen haben. Man hat daher unter derselben gleichfalls mehrere Schläge unterschieden, die nach den Gegenden, in welchen sie gezogen werden, benannt worden sind. Für die vorzüglichsten gelten der Schlag von Roussillon und jener von den sandigen Gestaden der See. Der grösste und stärkste wird aber in der Provence gezogen, wo so wie bei den spanischen Schafen, die Wanderung der Heerden eingeführt war, die aber schon zu Ende des verflossenen Jahrhunderts, in Folge eines besonderen Befehles der Regierung wieder aufgegeben wurde. Während des Winters wurden daselbst die Heerden in den Ebenen von Crau gehütet und im Sommer 20—30 Tagreisen weit in die Gebirge getrieben, wobei sie eigene Strassen zu betreten hatten. Man behauptet zwar, dass seit der Abschaffung dieser Wanderungen, die Wolle der Schafe in der Provence schlechter geworden sei, doch scheint dies mehr auf einer Fahrlässigkeit bezüglich der Haltung, als auf der Einstellung der Wanderungen zu beruhen. Dagegen sind in Poitou und Roussillon auch noch heut zu Tage diese Wanderungen im Gebrauche und die Schafe bringen daselbst den Sommer in den Gebirgen, den Winter in den milderen ebenen Gegenden zu. Bevor noch das Merino-Schaf in Frankreich eingeführt wurde, galt das edle französische Schaf für die ausgezeichnetste Race im Lande. Schon seit Anfang dieses Jahrhunderts wendet die Regierung aber ihre volle Aufmerksamkeit auf die Veredlung der Schafzucht und hat zur Erreichung dieser Absicht nicht nur eine sehr bedeutende Anzahl spanischer Widder, sondern auch eine höchst ansehnliche Menge von Mutterschafen, und die meisten aus den berühmten Heerden von Infantado und Escurial, nach Frankreich kommen lassen. Das edle französische Schaf liefert eine sehr feine und schön gekräuselte Wolle, welche eine Länge von 1½ Zoll hat und zur Verfertigung von feineren Tüchern verwendet wird. Der jährliche Wollertrag kann bei einem einzelnen Stücke im Durchschnitte auf 2 Pfund angeschlagen werden und ein Centner dieser Wolle wird mit 100 bis 120 Silbergulden bezahlt. In Ansehung der Mästungsfähigkeit steht diese Race dem reinen französischen und eben so dem schlichtwolligen deutschen Schafe bedeutend nach, und erreicht in der Regel nicht einmal das Gewicht des gemeinen deutschen oder Zaupelschafes, indem es selten zu mehr als 25—30 Pfund Fleischgewicht gebracht werden kann. Das Fleisch ist jedoch sehr saftig und wohlschmeckend, und desshalb auch sehr geschätzt.

Das Sologne-Schaf.
(Ovis Aries gallicus soloniensis.)

Ovis aries gallica. Var. b. Solognote. Desmar. Mammal. p. 491. Nr. 741. F. Var. b.

Aegoceros Ovis leptura. Var. d. Französisches Schaf. Solognôte. Wagner. Schreber Säugth. B. V. Th. I. p. 1417. Nr. 12. II. d.

Mouton domestique. Var. f. Ovis aries gallica. Race 2. Race solognote. Desmar. D'Orbigny Dict. d'hist. nat. T. VIII. p. 415. Nr. 4. f. 2.

Das Sologne-Schaf, welches bei den französischen Schafzüchtern unter dem Namen *Race solognote* bekannt ist, dürfte, so viel sich aus seinen äusseren Merkmalen entnehmen lässt, eine Blendlingsform sein, welche auf der Vermischung des eigentlichen oder reinen französischen Schafes *(Ovis Aries gallicus)* mit dem Berry-Schafe *(Ovis Aries gallicus bituriensis)* beruht. Dasselbe scheint sonach ein Halbbastard gemischter Kreuzung zu sein. In seinen körperlichen Formen steht es gleichsam zwischen diesen beiden Racen in der Mitte, wiewohl es im Allgemeinen mehr an die erstere als die letztere erinnert. Der Kopf ist verhältnissmässig klein, die Schnauze schmal und ziemlich spitz. Die Ohren sind nach seit- und aufwärts gerichtet, und gewöhnlich sind auch beide Geschlechter hornlos. Der Hals ist ziemlich lang und dünn, ohne deutlichen Hautfalten und an der Vorderseite desselben befindet sich nur eine schwache Wamme. Der Leib, die Beine und der Schwanz sind fast ganz wie beim französischen Schafe gebildet. Auch die Behaarung ist beinahe dieselbe, nur ist die Wolle des dichten Vliesses minder grob und an den Spitzen gekräuselt. Gewöhnlich sind auch der Scheitel und die Wangen mehr oder weniger wollig.

Die Zucht des Sologne-Schafes ist fast nur auf die kleine Landschaft Sologne beschränkt, welche zwischen Orleans, Blois und Bourges im nordwestlichen Frankreich liegt und in einer ziemlich unfruchtbaren Gegend, voll von Heiden, Sümpfen und Teichen besteht. Diese Race, welche sehr wenig empfindlich gegen die Einflüsse der Witterung und in Bezug auf die Nahrung auch höchst genügsam ist, erfordert auch nur eine sehr geringe Sorgfalt in der Haltung und Pflege. Man benützt von derselben sowohl die Wolle als das Fleisch. Erstere ist zwar bei Weitem nicht von derselben Güte wie die des Berry-Schafes, besitzt aber dennoch einen viel höheren Grad von Feinheit als jene des unvermischten französischen Schafes. Das Fleisch ist wohlschmeckend, doch keineswegs besonders fett, indem die Mastfähigkeit dieser Race nicht sehr gross ist und auch die örtlichen Verhältnisse dieselbe nur wenig begünstigen.

Das Ardennen-Schaf.
(*Ovis Aries gallicus arduennicus.*)

Brebis de Bourgogne. Buffon. Hist. nat. T. V. p. 21.
Schaf von Burgund. Buffon, Martini. Naturg. d. vierf. Thiere. B. I. p. 313.
Ovis aries gallica. Var. e. Ardennoise. Desmar. Mammal. p. 491. Nr. 741. F. Var. f.
Ovis dolichura. Var. B. Französisches Schaf. Ardennen-Race. Brandt u. Ratzeburg. Medic. Zool. B. I. p. 58. Nr. I. B.
Aegoceros Ovis leptura. Var. d. Französisches Schaf. Ardennoise. Wagner. Schreber Säugth. B. V. Th. I. p. 1418. Nr. 12. II. d.

Das Ardennen-Schaf ist eben so wie das normannische, nur höchst oberflächlich beschrieben, daher es auch überaus gewagt erscheinen würde, über seine Abstammung ohne grossen Vorbehalt eine Erklärung zu versuchen. Die höchst spärlichen Angaben, welche wir über dasselbe besitzen, reichen kaum hin, sich einen nothdürftigen Begriff über seine körperlichen Formen zu verschaffen, und sind durchaus nicht geeignet, sich ein deutlicheres Bild von demselben zu entwerfen. Dass es eine Blendlingsrace des französischen Schafes *(Ovis Aries gallicus)* sei, ist zwar gewiss, doch lässt sich nur annäherungsweise die Vermuthung aussprechen, dass es aus der Kreuzung desselben mit dem halbedlen deutschen Schafe *(Ovis Aries germanicus subnobilis)* hervorgegangen und daher entweder ein Halbbastard oder ein einfacher Bastard gemischter Kreuzung sei. Diese Vermuthung gründet sich jedoch lediglich nur auf den Umstand, dass die Gegenden, in welchen diese beiden Racen gezogen werden, unmittelbar an einander grenzen, und eine Vermischung der dort gehaltenen Heerden mit grosser Wahrscheinlichkeit vorausgesetzt werden kann.

Das Ardennen-Schaf wird sowohl in den Ardennen, als auch in Burgund im nord- und südöstlichen Frankreich gezogen, und in ziemlich ansehnlichen Heerden gehalten. Die Wolle, welche von mittlerer Feinheit ist, scheint jener des Sologne-Schafes gleich zu kommen und steht auch ungefähr im gleichen Werthe mit derselben. Sie wird zur Verfertigung mittelfeiner Tücher verwendet und bildet den Hauptertrag der Heerden. Doch wirft auch das Fleisch einen nicht unbeträchtlichen Gewinn ab, indem die meisten Widderlämmer verschnitten werden und nachdem sie auf den Weiden gehörig gemästet wurden, für die Schlachtbank bestimmt sind.

Das normannische Schaf.
(Ovis Aries gallicus normannus.)

Brebis de Beauvais et de la Normandie. Buffon. Hist. nat. T. V. p. 21.
Schaf von Beauvais und der Normandie. Buffon, Martini. Naturg. d. vierf. Thiere. B. I. p. 313.
Ovis aries gallica. Var. f. Normande. Desmar. Mammal. p. 491. Nr. 741. F. Var. f.
Aegoceros Ovis leptura. Var. d. Französisches Schaf. Normande. Wagner. Schreber Säugth. B. V. Th. I. p. 1418. Nr. 12. II. d.

Das normannische Schaf ist in den Schriften der französischen Naturforscher und Landwirthe noch so unvollständig bis jetzt beschrieben, dass es ganz und gar unmöglich ist, über seine Abstammung mit irgend einer Sicherheit ein Urtheil auszusprechen. Über seine körperlichen Formen mangelt jede nähere Angabe, und wir wissen über dasselbe nicht mehr, als dass es eine Blendlingsrace sei, welche unter allen französischen Schafen am meisten zum Fettansatze geneigt ist. Darf man sich überhaupt erlauben, eine Ansicht hierüber auszusprechen, so ist es vielleicht noch am Wahrscheinlichsten, dass es aus der Vermischung des eigentlichen oder reinen französischen Schafes *(Ovis Aries gallicus)* mit dem friesischen Schafe *(Ovis Aries anglicus frisius)* hervorgegangen und sonach ein Halbbastard reiner Kreuzung sei.

Diese Race wird nicht nur in den fruchtbaren, von niederen Hügeln durchzogenen Ebenen der Normandie im nordwestlichen Frankreich, sondern auch in der im Nordosten des Landes liegenden Landschaft Beauvaisis im heutigen Departement der Oise gezogen, einer Gegend, welche theils aus Ebenen, theils aber auch aus Hügeln und niederen kalkigen Bergketten besteht. Die Wolle dieser Race ist ziemlich lang und grob, und kann nur als Kammwolle zu gröberen Stoffen verwendet werden. Das Fleisch dagegen ist wohlschmeckend und fett.

Das deutsche Schaf.
(Ovis Aries germanicus.)

Ovis Aries. Linné. Syst. nat. ed. XII. T. I. P. I. p. 97. Nr. 1.
Ovis Aries. Erxleben. Syst. regn. anim. T. I. p. 242. Nr. 1.
Ovis Aries. Gmelin. Linné Syst. nat. ed. XIII. T. I. P. 1. p. 197. Nr. 1.
Ovis Aries. Var. Gewöhnliches deutsches Schaf. Bechst. Naturg. Deutschl. B. I. p. 358. Nr. 5.
Ovis rustica Germanica. Walther. Racen u. Art. d. Schaafe. Annal. d. wetterau. Gesellsch. B. II. p. 65. Nr. 4.
Ovis rustica Bohemica. Walther. Racen u. Art. d. Schaafe. Annal. d. wetterau. Gesellsch. B. II. p. 68. Nr. 5.
Ovis rustica Ungarica. Deutsches ungarisches Schaaf. Walther. Racen u. Art. d. Schaafe. Annal. d. wetterau. Gesellsch. B. II. p. 68. Nr. 6. b.
Ovis rustica Polonica. Walther. Racen u. Art. d. Schaafe. Annal. d. wetterau. Gesellsch. B. II. p. 68. Nr. 7.
Capra Aries Rusticus Germanicus. Fisch. Syn. Mammal. p. 490. Nr. 10. γ. c.
Capra Aries Rusticus Bohemicus. Fisch. Syn. Mammal. p. 490. Nr. 10. γ. d.
Capra Aries Rusticus Ungaricus. Fisch. Syn. Mammal. p. 490. Nr. 10. γ. e.

Capra Aries Rusticus Polonicus. Fisch. Syn. Mammal. p. 490. Nr. 10. γ. f.
Ovis dolichura. Var. G. *Deutsches Schaf. Eigentliches deutsches Schaf.* Brandt
u. Ratzeburg. Medic. Zool. B. I. p. 59. Nr. I. G.
Ovis dolichura Var. H. *Ungarisches Schaf.* Brandt u. Ratzeburg. Medic.
Zool. B. I. p. 59. Nr. I. H.
Ovis dolichura. Var. I. *Polnisches Schaf.* Brandt u. Ratzeburg. Medic.
Zool. B. I. p. 59. Nr. I. J.
Ovis Aries. Var. 6. *Gemeiner Haushammel. Schaf von Deutschland mit langem
Schwanze.* Tilesius. Hausziege. Isis. 1835. p. 953. Var. 6.
Aegoceros Ovis leptura. Var. b. *Deutsches Schaf.* Wagner. Schreber Säugth.
B. V. Th. I. p. 1415. Nr. 12. H. b.

Das deutsche Schaf bildet eine durch seine äusseren Merkmale ziemlich scharf abgegrenzte Abänderung des Landschafes *(Ovis Aries)* und ist so wie die übrigen Hauptabänderungen desselben, in den klimatischen Verhältnissen begründet, welche ihrer Heimath eigenthümlich sind. Sein Verbreitungsbezirk erstreckt sich über ganz Deutschland, den angrenzenden östlichen Theil von Frankreich, über Belgien und das südliche Holland, und reicht einerseits durch Österreich, Steiermark, Kärnten Krain und Tirol bis nach Nord-Italien, andererseits über Böhmen, Mähren, Schlesien und den grössten Theil von Ungarn bis nach Galizien, Polen, und selbst Litthauen. Die wesentlichsten Kennzeichen desselben sind der deutlich gebogene Nasenrücken und die ziemlich lange, grobe, gewellte oder schlichte Wolle, welche den Körper, mit Ausnahme des kurz behaarten Kopfes und der Unterfüsse deckt.

Die Racen, welche dem deutschen Schafe beigezählt werden müssen, sind theils solche, welche auf klimatischen und Bodenverhältnissen beruhen, wie das **gemeine deutsche oder Zaupelschaf** *(Ovis Aries germanicus rusticus)* und das **schlichtwollige deutsche Schaf** *(Ovis Aries germanicus lanosus),* oder Blendlingsformen, welche aus der Kreuzung dieser beiden Formen mit anderen Schafracen hervorgegangen sind, wie das **hannover'sche Schaf** *(Ovis Aries germanicus hannoveranus),* das **pommer'sche Schaf** *(Ovis Aries germanicus pomeranus),* das **fränkische Schaf** *(Ovis Aries germanicus franconicus),* das **Mecklenburger Schaf** *(Ovis Aries germanicus megapolitanus),* das **halbedle deutsche Schaf** *(Ovis Aries germanicus subnobilis),* und das **edle deutsche Schaf** *(Ovis Aries germanicus nobilis).*

Alle übrigen in Deutschland gezogenen Racen des Landschafes, welche nicht eingeführte fremdländische Racen sind, müssen ihren äusseren Merkmalen zu Folge entweder zu anderen Hauptformen dieser Schafart gerechnet werden, oder beruhen auf der wiederholten Kreuzung des halbedlen und edlen deutschen Schafes mit ihren französischen oder spanischen Stammvätern.

Das gemeine deutsche oder Zaupelschaf.
(Ovis Aries germanicus rusticus.)

Ovis Aries. Var. Gewöhnliches deutsches Schaf. Bechst. Naturg. Deutschl. B. I. p. 358. Nr. 5.

Ovis rustica Germanica. Schlesisches Schaaf. Walther. Racen u. Art. d. Schaafe. Annal. d. wetterau. Gesellsch. B. II. p. 65. Nr. 4. a.

Ovis rustica Germanica. Oestreichisches Schaaf. Walther. Racen u. Art. d. Schaafe. Annal. d. wetterau. Gesellsch. B. II. p. 66. Nr. 4. b.

Ovis rustica Germanica. Schwäbisches Schaaf. Zaubelschaaf. Walther. Racen u. Art. d. Schaafe. Annal. d. wetterau. Gesellsch. B. II. p. 67. Nr. 4. h. aa.

Ovis rustica Germanica. Hessisches Schaaf. Kleines kurzleibiges Schaaf. Walther. Racen u. Art. d. Schaafe. Annal. d. wetterau. Gesellsch. B. II. p. 67. Nr. 4. i. a.

Ovis rustica Bohemica. Walther. Racen u. Art. d. Schaafe. Annal. d. wetterau. Gesellsch. B. II. p. 68. Nr. 5.

Ovis rustica Ungarica. Deutsches ungarisches Schaaf. Walther. Racen u. Art. d. Schaafe. Annal. d. wetterau. Gesellsch. B. II. p. 68. Nr. 6. b.

Capra Aries Rusticus Germanicus. Fisch. Syn. Mammal. p. 490. Nr. 10. γ. c.

Capra Aries Rusticus Bohemicus. Fisch. Syn. Mammal. p. 490. Nr. 10. γ. d.

Capra Aries Rusticus Ungaricus. Fisch. Syn. Mammal. p. 490. Nr. 10. γ. e.

Ovis dolichura. Var. G. Deutsches Schaf. Eigentliches deutsches Schaf. Schlesische Race. Brandt u. Ratzeburg. Medic. Zool. B. I. p. 59. Nr. 1. G. a. a.

Ovis dolichura. Var. G. Deutsches Schaf. Eigentliches deutsches Schaf. Österreichische Race. Brandt u. Ratzeburg. Medic. Zool. B. I. p. 59. Nr. 1. G. a. β.

Ovis dolichura. Var. G. Deutsches Schaf. Eigentliches deutsches Schaf. Schwäbische Race. Zaubelschaf. Brandt u. Ratzeburg. Medic. Zool. B. I. p. 59. Nr. 1. G. a. ϑ. aa.

Ovis dolichura. Var. G. Deutsches Schaf. Eigentliches deutsches Schaf. Hessische Race. Brandt u. Ratzeburg. Medic. Zool. B. I. p. 59. Nr. 1. G. a. ι.

Ovis dolichura. Var. g. Deutsches Schaf. Eigentliches deutsches Schaf. Böhmische Race. Brandt u. Ratzeburg. Medic. Zoologie B. I. p. 59. Nr. 1. G. a. λ.

Ovis dolichura. Var. H. Ungarisches Schaf. Brandt u. Ratzeburg. Medic. Zool. B. I. p. 59. Nr. 1. H.

Ovis Aries domesticus rusticus. Fitz. Fauna. Beitr. z. Landesk. Österr. B. 1. p. 320.
Ovis Aries. Var. 0. Gemeiner Haushammel. Schaf von Deutschland mit langem Schwanze. Tilesius. Hausziege. Isis. 1835. p. 953. Var. 0.
Aegoceros Ovis leptura. Var. b. Deutsches Schaf. Schwäbisches Zaupelschaf. Wagner. Schreber Säugth. B. V. Th. I. p. 1417. Nr. 12. II. b. η.
Aegoceros Ovis leptura. Var. b. Deutsches Schaf. Hessisches Schaf. Kleines kurzleibiges Schaf. Wagner. Schreber Säugth. B. V. Th. I. p. 1417. Nr. 12. II. b. ϑ.
Ovis aries. Var. rustica. Reichenb. Naturg. Wiederk. t. 50. f. 280—282.
Zaupelschaf. Schmidt. Schafzucht. p. 12. Nr. 4. t. 4.

Das gemeine deutsche oder Zaupelschaf ist eine jener Abänderungen des deutschen Schafes *(Ovis Aries germanicus)*, welche auf klimatischen und Bodenverhältnissen begründet sind. Dasselbe reicht über ganz Süd- und einen grossen Theil von Mittel-Deutschland, erstreckt sich nordwärts bis nach Belgien und südwärts bis in das nördliche Italien, während es gegen Osten bis nach Ungarn und gegen Westen bis über den Rhein hinüberreicht. In Deutschland sind es vorzüglich Oberschwaben, die Moorgegenden von Baiern und einige Theile von Preussen, wo die Zucht dieser Race in ausgedehnter Weise betrieben wird. Dagegen wird sie allenthalben in Österreich, Steiermark, Kärnten, Krain, Tirol, der Schweiz und dem nördlichen Theile von Italien angetroffen, so wie nicht minder auch in den meisten Gegenden von Böhmen, Mähren und Schlesien, und im nördlichen und westlichen Theile von Ungarn.

Es ist höchstens von mittlerer Grösse, wird aber häufig selbst unter der Mittelgrösse angetroffen, da die Verschiedenheit in der Ernährung wesentlichen Einfluss auf die grössere oder geringere Entwicklung der körperlichen Formen nimmt. Der Kopf ist ziemlich klein und nur sehr wenig gestreckt, die Stirne platt und der Nasenrücken schwach gewölbt. Die Augen und die Thränengruben sind verhältnissmässig klein, die mittellangen Ohren schmal, zugespitzt, zusammengeklappt und immer nach seit- oder auch etwas nach abwärts gerichtet. Meistens sind nur die Widder, seltener dagegen die Schafmütter gehörnt, doch kommen auch die Widder häufig hornlos vor. Die Hörner derselben sind weder besonders lang, noch dick. Sie stehen nicht sehr nahe neben einander, wenden sich bei geringer Erhebung über den Scheitel nach seitwärts und bilden eine weite Schneckenwindung von einem oder auch einem und einem halben Umgange nach rück-, ab- und vorwärts. Das rechte Horn ist links, das linke rechts gewunden, daher auch die Hornspitzen, welche bei einem einfachen Gewinde nach aufwärts, bei einem beinahe doppelten nach abwärts gerichtet sind, nach Aussen treten. Bei den Schafmüttern sind die Hörner beträchtlich kürzer, dünner, und bilden nur eine einfache halbmondförmige Krümmung von seit- nach rück-, ab- und vorwärts.

Der Hals ist mässig lang und ziemlich dick, der Vorderhals ohne einer deutlichen Wamme. Der Leib ist etwas gedrungen und untersetzt, der Widerrist kaum merklich erhaben, der Rücken fast gerade, und die Croupe gerundet und nur sehr wenig höher als der Widerrist. Die Brust ist schmal, der Bauch ziemlich voll. Die Beine sind von mässiger Höhe und verhältnissmässig schlank, die Hufe meistens kurz und stumpf. Der mittellange, schlaff herabhängende Schwanz, welcher ringsum von einer gewellten Wolle umgeben ist, reicht sammt derselben bis etwas unter das Fersengelenk. Das Gesicht, die Ohren und die Beine, bis über die Hand- und Fusswurzel hinauf, sind mit kurzen, glatt anliegenden Haaren besetzt, der übrige Körper aber ist von einer mittellangen, ziemlich groben, gewellten und mit kurzen Haaren gemengten Wolle bedeckt, welche 3—6 Zoll in der Länge hat und ein dichtes Vliess bildet. Die Färbung ist verschieden. Gewöhnlich ist dieselbe einförmig schmutzig gelblichweiss oder schwarz, bisweilen aber auch heller oder dunkler rothbraun, oft aber auch schwarz oder braun auf weissem Grunde gefleckt. Die Hörner sind hell bräunlich hornfarben, die Hufe schwärzlich. Die Iris ist meist bräunlichgelb oder gelbbraun. Die Körperlänge beträgt gewöhnlich nur 3 Fuss, die Schulterhöhe 1 Fuss 8—9 Zoll.

Diese Schafrace, welche die gemeinste und verbreitetste in Deutschland ist, gehört eigentlich dem Ackerlande an und wird nur von dem Landvolke gehalten. Ihr Unterhalt erfordert fast durchaus keine Kosten, da sich die Heerden mit jedem Futter begnügen, das ihnen die Gegend ihres Aufenthaltes bietet und selbt die spärlichsten Hutweiden reichen hin, sie zu ernähren. Häufig werden dieselben aber nur höchst ärmlich gehalten, indem man sie den Sommer über oft nur auf Moorgründen weiden lässt, und denselben im Winter nicht selten blos Stroh als Futter darreicht. Dagegen treiben die Würtemberger ihre Heerden selbst bis in die südwestlichen

Provinzen Baierns auf die Sommerweide. Fast überall pflegt man aber des Nachts und während der rauhesten Zeit die Schafe in den Ställen zurückzuhalten, obgleich sie gegen die Einwirkungen der Witterung nur sehr wenig empfindlich und durch ihr dichtes Vliess gegen Kälte und selbst Nässe hinreichend geschützt sind. Hie und da, und vorzüglich in moorigen Gegenden, wird das gemeine deutsche Schaf auch als Schmervieh gehalten, in manchen Ländern aber als solches gar nicht mehr geduldet. In jenen Gegenden, wo sie besser gehalten werden, gedeihen sie auch weit mehr und der Ertrag, der von ihnen gewonnen wird, ist daher auch grösser. Der Hauptgewinn besteht in der Wolle und dem Fleische, weniger in der Milch, obgleich sie auch hie und da zur Käsebereitung benützt wird.

Fast allenthalben, wo diese Race gezogen wird, findet die Schur zweimal des Jahres Statt, und überall pflegt man die Schafe vor derselben zu waschen. Obgleich die Wolle ziemlich grob und mit Haaren untermischt, daher nur zu grobem Strickgarne, gröberen Stoffen und Teppichen zu verwenden ist, so steht sie doch keineswegs in besonders geringem Preise, indem der Centner derselben dermalen mit 33 — 55 Silbergulden bezahlt wird. Da jedoch ein einzelnes Schaf jährlich nicht mehr als 2 — 4 Pfund Wolle liefert, so ist die Menge derselben, im Verhältnisse zu anderen Racen, ziemlich gering. Weit grösser ist der Fleischertrag, den die Zucht dieser Schafrace abwirft, indem nicht blos Widder und Hammeln, sondern auch sehr viele Mutterschafe zum Schlachten bestimmt sind. Wiewohl das gemeine deutsche Schaf allerdings mästungsfähig ist, so wird dasselbe dennoch fast nirgends als Mastvieh erzogen. Das Fleisch ist daher in der Regel nicht besonders fett, übrigens jedoch wohlschmeckend und saftig, und wird nicht blos von den Landleuten, sondern auch von den wohlhabenden Bewohnern in den Städten genossen und in grosser Menge auf die Märkte gebracht. Da diese Schafe je nach der besseren oder schlechteren Haltung von verschiedener Grösse sind, so ergibt sich auch in der Schwere ein nicht unbedeutender Unterschied, doch können 40 — 70 Pfund Fleischergewicht für ein einzelnes Stück im Durchschnitte angenommen werden. Für den ärmeren Landbewohner, der nicht in der Lage ist sich veredelte Schafe zu halten, ist diese Race immerhin von grosser Wichtigkeit, da sie nur wenige oder fast gar keine Kosten verursacht und dennoch einen ergiebigen Ertrag abwirft.

Das hannover'sche Schaf.

(Ovis Aries germanicus hannoveranus.)

Ovis rustica Germanica. *Hannöverisches Schaaf. Heideschnucke.* Walther. Racen u. Art. d. Schaafe. Annal. d. wetterau. Gesellsch. B. II. p. 66. Nr. 4. c. aa.

Capra Aries Rusticus Germanicus. Fisch. Syn. Mammal. p. 490. Nr. 10. γ. c.

Ovis dolichura. Var. G. *Deutsches Schaf. Haideschaf von der Lüneburger Haide.* Brandt u. Ratzeburg. Medic. Zool. B. I. p. 59. Nr. I. G. b.

Aegoceros Ovis leptura. Var. b. *Deutsches Schaf. Haideschaf.* Wagner. Schreber Säugth. B. V. Th. I. p. 1416. Nr. 12. II. b. α.

Heideschnucke. Schmidt. Schafzucht. p. 12. Nr. 2. t. 2.

Das hannover'sche Schaf verdankt unzweifelbar seine Entstehung der Kreuzung des gemeinen deutschen oder Zaupelschafes *(Ovis Aries germanicus rusticus)* mit dem deutschen Heideschafe *(Ovis brachyura campestris)* und ist die kleinste unter allen in Deutschland gezogenen Racen des Landschafes, indem es hierin dem deutschen Heideschafe völlig gleich kommt, ja von demselben sogar bisweilen noch übertroffen wird. Es ist sonach als ein einfacher Bastard reiner Kreuzung zu betrachten. Seine Formen stehen genau in der Mitte zwischen diesen beiden Racen, wiewohl es sich im Allgemeinen mehr der letzteren als der ersteren anschliesst. Der Kopf ist klein und ziemlich kurz, die Stirne sehr schwach gewölbt und eben so auch der Nasenrücken. Die nicht sehr langen, schmalen, zugespitzten Ohren sind zusammengeklappt und werden nach seit- und etwas nach abwärts gerichtet getragen. Die Männchen sind fast immer, die Weibchen dagegen aber nur seltener gehörnt. Bei den Widdern sind die Hörner mittellang, nicht besonders dick und bilden, indem sie sich nach seitwärts wenden und nur wenig über den Scheitel erheben, eine etwas langgezogene Schneckenwindung von rück- nach ab-, vor- und auswärts, wobei sie sich mit der Spitze nach aufwärts kehren. Die Hörner der Schafmütter sind beträchtlich kürzer und dünner, und bieten nur eine schwach halbmondförmige Krümmung in gerader Richtung nach rück- und auswärts dar.

Der Hals ist nicht sehr kurz, doch etwas dick und ohne Wamme, der Leib sehr schwach gestreckt und nicht besonders voll, der Widerrist nur wenig erhaben, der Rücken kaum merklich gesenkt und die gerundete, schwach abgedachte Croupe etwas höher als der Widerrist. Die Brust ist schmal, der Bauch nicht hängend. Die Beine sind von mittlerer Höhe und ziemlich schlank, die Hufe kurz und stumpf. Der mittellange Schwanz, welcher ringsum von zottiger Wolle bedeckt ist, hängt schlaff herab und reicht bis gegen das Fersengelenk und mit der Wolle noch über dasselbe hinab. Der Kopf, die Ohren und die Beine sind mit kurzen, glatt anliegenden Haaren besetzt, der übrige Körper aber, mit Ausnahme des Bauches, dicht mit einer mässig langen, groben und zum Theile haarigen Wolle bedeckt, welche zu gewellten und fast zottenartigen Büscheln vereiniget ist. Am Bauche ist die Wolle kürzer, steifer und auch weit minder dicht gestellt. Unterhalb dieser längeren groben, dem Grannenhaare entsprechenden Wolle, befindet sich das beträchtlich kürzere, etwas feinere und gekräuselte filzige Wollhaar, das von der langen Wolle aber vollständig überdeckt wird. Die Färbung ist meist einfärbig graulich- oder röthlichbraun, oder schwarz, seltener hingegen weiss. Bei der braunen Abänderung sind der Kopf und die Beine aber sehr oft dunkler und bisweilen sogar schwarz gefärbt. Die Hörner sind dunkel- oder schwarzbraun, die Hufe schwärzlich. Die Körperlänge beträgt in der Regel 2 Fuss 3—4 Zoll, die Schulterhöhe 1 Fuss 2—3 Zoll, doch wird diese Race bisweilen auch etwas grösser angetroffen. Das Gewicht schwankt zwischen 18—30 Pfund.

Das hannover'sche Schaf wird in sehr vielen Heidegegenden von Hannover, und auch hie und da in Preussen gezogen und in zahlreichen Heerden gehalten, die gemeinschaftlich mit dem deutschen Heideschafe, sich den ganzen Sommer über den grössten Theil des Tages hindurch auf den unermesslichen Heideebenen im Freien umhertreiben und blos während der heissen Mittagsstunden und bei Nacht an den Ställen zurückgehalten werden. Den Winter aber bringen sie die längste Zeit in ihren Ställen zu und werden nur bei Tage bisweilen in's Freie hinausgetrieben. Diese höchst genügsame Schafrace nährt sich hauptsächlich mit dem Heidekraute, das die Ebenen seiner Heimath überdeckt und zieht die frische Pflanze selbst anderer Nahrung vor. Sie erfordert nur eine sehr geringe Pflege und ihr Unterhalt verursacht beinahe durchaus keine Kosten. In der Regel wird dieselbe zweimal des Jahres geschoren, theils weil die Wolle derselben länger ist als es der Gebrauch erheischt, theils aber auch damit sie sich weniger verfilze. Die schlichte, grobe und beinahe haarähnliche Wolle, welche mit der feineren Unterwolle gemischt ist, wird nur zu Hüten und groben Zeugen verwendet. Die meisten Widderlämmer werden verschnitten und gemästet, da sie durchgehends zum Schlachten bestimmt sind. Sie setzen das Fett ziemlich rasch an und erreichen, wenn sie gehörig gemästet sind, ein Gewicht von 30 Pfund, während die Mutterschafe selten über 20 Pfund schwer werden. Das Fleisch der Hammeln ist zwar etwas weich, doch feinfaserig und wohlschmeckend, wiewohl es bei der geringen Grösse dieser Thiere keinen besonderen Ertrag abwirft. Für sandige Ebenen ist diese Race aber immerhin höchst schätzbar.

Das pommer'sche Schaf.
(Ovis Aries germanicus pomeranus.)

Ovis rustica Germanica. Schlesisches Schaaf. Walther. Racen u. Art. d. Schaafe. Annal. d. wetterau. Gesellsch. B. II. p. 65. Nr. 4. a.

Ovis rustica Germanica. Preussisches Schaaf. Walther. Racen u. Art. d. Schaafe. Annal. d. wetterau. Gesellsch. B. II. p. 67. Nr. 4. g.

Ovis rustica Polonica. Walther. Racen u. Art. d. Schaafe. Annal. d. wetterau. Gesellsch. B. II. p. 68. Nr. 7.

Capra Aries Rusticus Polonicus. Fisch. Syn. Mammal. p. 490. Nr. 10. γ. f.

Ovis dolichura. Var. G. Deutsches Schaf. Eigentliches deutsches Schaf. Schlesische Race. Brandt u. Ratzeburg. Medic. Zool. B. I. p. 59. Nr. I. G. a. α.

Ovis dolichura. Var. G. Deutsches Schaf. Eigentliches deutsches Schaf. Preussische Race. Brandt u. Ratzeburg. Medic. Zool. B. I. p. 59. Nr. I. G. a. η.

Ovis dolichura. Var. I. Polnisches Schaf. Brandt u. Ratzeburg. Medic. Zool. B. I. p. 59. Nr. I. l.

Ovis Aries domesticus rusticus polonicus. Fitz. Fauna. Beitr. z. Landesk. Österr. B. I. p. 321.

Aegoceros Ovis leptura. Var. f. Polnisches Schaf. Wagner. Schreber Säugth. B. V. Th. I. p. 1420. Nr. 12. II. f.

Das pommer'sche Schaf, das auch unter dem Namen polnisches Schaf bekannt ist, ist ein Blendling, der auf der Vermischung des gemeinen deutschen oder Zaupelschafes *(Ovis Aries germanicus rusticus)* mit dem hannover'schen Schafe *(Ovis germanicus hannoveranus)* beruht, daher ein einfacher Bastard gemischter Kreuzung. Es ist nur wenig von dem gemeinen deutschen Schafe verschieden, bietet aber auch mancherlei Kennzeichen von dem hannover'schen Schafe dar. In Ansehung der Grösse steht es zwischen beiden in der Mitte, indem es etwas kleiner als das erstere und grösser als das letztere ist, daher es auch zu den kleinsten Racen des Landschafes gehört, welche in Deutschland gezogen werden. Der Kopf ist ziemlich klein, die Stirne flach, der Nasenrücken schwach gewölbt. Die Ohren sind nach seit-, und gewöhnlich auch etwas nach abwärts gerichtet. Die Widder sind meistens, die Schafmütter aber weit seltener gehörnt. Die Hörnerform ist fast dieselbe wie beim gemeinen deutschen Schafe.

Der Hals ist mässig lang, nicht sehr dick, und am Vorderhalse befindet sich nur eine sehr schwache Andeutung von einer Wamme. Der Leib ist kaum merklich gestreckt und nur von geringem Umfange, der Widerrist sehr schwach erhaben, der Rücken gerade und die gerundete Croupe nur wenig höher als der Widerrist. Die Brust ist schmal, der Bauch durchaus nicht hängend. Die mittelhohen Beine sind schlank, die Hufe kurz und stumpf. Der ringsum von zottiger Wolle umgebene mittellange Schwanz, hängt schlaff herab und reicht sammt der Wolle bis unterhalb des Fersengelenkes. Der Kopf, die Ohren und die Beine sind mit kurzen, glatt anliegenden Haaren besetzt, der übrige Körper aber wird von einer nicht besonders langen, groben und gewellten Wolle bedeckt, welche am Bauche kürzer und viel spärlicher als an den übrigen Theilen des Körpers ist, wo sie ein ziemlich dichtes Vliess bildet. Die Unterwolle ist mässig fein. Die Färbung ist verschieden, indem sie bald einfärbig röthlich- oder graulichbraun, schwarz oder gelblichweiss erscheint, bald aber auch braun oder schwarz auf weissem Grunde gefleckt. Nicht selten sind der Kopf und die Beine mehr oder weniger dunkelbraun und bisweilen sogar schwarz gefärbt. Die Hörner sind heller oder dunkler braun, die Hufe schwärzlich.

Diese Schafrace wird sowohl in Pommern und anderen preussischen Provinzen, als auch in Schlesien, Galizien und Polen angetroffen, von wo sie bis nach Litthauen reicht. In sehr vielen Gegenden wird sie nur höchst ärmlich gepflegt, indem sie sich während des Sommers das Futter auf den oft nur spärlichen und meistens sandigen Weiden suchen muss, und im Winter häufig blos mit Stroh gefüttert wird. Die Schur wird gewöhnlich zweimal des Jahres vorgenommen und die ziemlich schlechte rauhe Wolle kann nur zur Verfertigung von Teppichen und anderen groben Stoffen, oder auch zu Strickgarn verwendet werden. Der grösste Nutzen dieser Race besteht in ihrem Fleische, das für die Landleute ihrer Heimath das Hauptnahrungsmittel bildet. Es steht zwar in Ansehung des Wohlgeschmackes hinter dem Fleische der meisten anderen deutschen Schafracen zurück, ist aber dennoch bei der ärmeren Volksclasse sehr beliebt und zwar vorzüglich jenes der gemästeten Hammeln. In vielen Gegenden werden die Mutterschafe auch gemolken und die Milch derselben wird zur Käsebereitung benützt. Die hieraus gewonnene Käse dient nicht blos zum eigenen Gebrauche für den Landmann, sondern bildet in gewissen Gegenden auch einen besonderen Artikel des Handels und wird ziemlich weit verführt.

Das fränkische Schaf.
(Ovis Aries germanicus franconicus.)

Ovis rustica Germanica. Fränkisches Schaaf. Zaupelschaaf. Walther. Racen u. Art. d. Schaafe. Annal. d. wetterau. Gesellsch. B. II. p. 67. Nr. 4. f.
Capra Aries Rusticus Germanicus. Fisch. Syn. Mammal. p. 490. Nr. 10. γ. c.
Ovis dolichura. Var. G. Deutsches Schaf. Eigentliches deutsches Schaf. Fränkische Race. Zaupelschaf. Brandt u. Ratzeburg. Medic. Zool. B. I. p. 59. Nr. I. G. a. ζ. aa.
Argoceros Ovis leptura. Var. b. Deutsches Schaf. Fränkisches Zaupelschaf. Wagner. Schreber Säugth. B. V. Th. I. p. 1417. Nr. 12. II. b. ζ.

Das fränkische Schaf scheint eine Blendlingsrace zu sein, welche durch die Kreuzung des gemeinen deutschen oder Zaupelschafes (Ovis Aries germanicus rusticus) mit dem französischen Schafe (Ovis Aries gallicus) entstanden ist und dürfte daher für einen Halbbastard reiner Kreuzung gelten. Es trägt ziemlich deutlich die Merkmale dieser beiden Racen an sich, so wie es denn auch in Ansehung der Grösse vollständig mit denselben übereinkommt. Der Kopf ist etwas schmäler als beim gemeinen deutschen und breiter als beim französischen Schafe. Die Ohren sind nach seitwärts gerichtet, die Augen mittelgross, und beide Geschlechter sind meistens ungehörnt. Der Hals ist verhältnissmässig etwas lang und dünn, der Leib nur wenig gestreckt. Die Behaarung ist im Allgemeinen dieselbe wie bei den beiden Stammracen, nur ist die Wolle minder grob, etwas kürzer und auch nicht so dicht gestellt, wie beim gemeinen deutschen Schafe, wodurch es sich wieder mehr dem französischen Schafe nähert. Die Färbung ist gewöhnlich weiss, bisweilen aber auch rothbraun oder schwarz, seltener dagegen dunkel auf hellem Grunde gefleckt.

Diese Race, welche hauptsächlich in Franken gezogen wird und diesem Lande auch ihre Benennung verdankt, ist nicht so abgehärtet und unempfindlich gegen die Einflüsse der Witterung als die meisten übrigen in Deutschland gezogenen Schafracen, indem das nicht besonders dichte Vliess weder die Feuchtigkeit, noch die rauhen Winde abzuhalten im Stande ist, und daher sie auch mehr als die übrigen der gewöhnlich vorkommenden Racen, den verschiedenen, durch Witterungsverhältnisse hervorgerufenen Krankheiten unterworfen ist. So genügsam sie auch in Beziehung auf das Futter ist, so erfordert sie ihrer grösseren Weichlichkeit wegen doch eine bessere Pflege als andere der gemeineren deutschen Schafracen, und muss desshalb nicht blos während der rauhen Zeit im Winter, sondern auch bei schlechter Witterung im Sommer und vorzüglich zur Nachtzeit, in warmen Ställen gehalten werden. Die Mutterschafe werfen nicht selten zweimal des Jahres, so wie dies auch beim gemeinen deutschen Schafe der Fall ist. Die Mästungsfähigkeit ist nicht besonders gross, insbesondere aber wenn die Heerden nicht mit besserem und reichlicherem Futter versehen werden.

Die Mehrzahl der Widder ist zum Schlachten bestimmt, daher dieselben noch meistens schon in der Jugend verschnitten und auf den Weiden zur besseren Zeit gemästet werden. Das Fleisch ist zwar nicht besonders fett, doch saftig und wohlschmeckend, und bildet einen nicht unbeträchtlichen Ertrag für die Besitzer grösserer Heerden, wiewohl ein einzelnes Thier im Durchschnitte nicht mehr als 40—70 Pfund Fleischergewicht hat. Die Schafe dieser Race werden zweimal des Jahres geschoren und die nicht sehr grobe Wolle wird grösstentheils zu Strickgarn und Bauerntuch verwendet, und steht fast in demselben Preise wie die Wolle des gemeinen deutschen Schafes. So wie dieses, wird auch das fränkische Schaf, theils wegen des jährlichen zweimaligen Lammens der Schafmütter, theils aber auch wegen der doppelten Schur, in seiner Heimath mit dem Namen Z a u p e l s c h a f belegt.

Das schlichtwollige deutsche Schaf.
(Ovis Aries germanicus lanosus.)

Ovis Aries. Var. Gewöhnliches deutsches Schaf. Thüringisches Schaf. Bechst. Naturg. Deutschl. B. l. p. 362. Nr. 5.

(Fitzinger.)

Ovis rustica Germanica. Hannövrisches Schaaf. Rheinisches Schaaf. Walther. Racen u. Art. d. Schaafe. Annal. d. wetterau. Gesellsch. B. II. p. 66. Nr. 4. c. bb.
Capra Aries Rusticus Germanicus. Fisch. Syn. Mammal. p. 590. Nr. 10. γ. c.
Ovis dolichura. Var. G. Eigentliches deutsches Schaf. Hannövrische Race. Rheinische Race. Brandt u. Ratzeburg. Medic. Zool. B. I. p. 59. Nr. I. G. a. γ. αα.
Ovis Aries domesticus rusticus germanicus. Fitz. Fauna. Beitr. z. Landesk. Österr. B. I. p. 321.
Ovis aries germanicus. Reichenb. Naturg. Wiederk. t. 52. f. 289—291.
Deutsches Schaf. Schmidt. Schafzucht. p. 12. Nr. 4. b.

Das schlichtwollige deutsche Schaf bildet die zweite, in den Verhältnissen des Klima's und des Bodens begründete Abänderung des deutschen Schafes *(Ovis Aries germanicus)*, deren Verbreitungsbezirk jedoch etwas beschränkter als der des gemeinen deutschen oder Zaupelschafes ist. Derselbe umfasst zwar einen grossen Theil des westlichen und mittleren Deutschland, erstreckt sich nordwärts bis nach Süd-Holland und südwärts bis nach Würtemberg und Baiern, findet aber gegen Osten in Sachsen und in einem Theile von Böhmen seine Grenze, und reicht gegen Westen nicht weiter als bis in die Rheinländer von Frankreich. Am häufigsten wird diese Race in Franken, im Hohenlohischen, in der schwäbischen Alp, vorzüglich im östlichen Theile derselben, in einigen Rheingegenden und in einem Theile von Hannover, so wie auch in den fruchtbareren Gegenden der Ardennen in Belgien und in Nord-Brabant getroffen. Diese Race ist von mittlerer Grösse, ziemlich stark und fast immer grösser als das gemeine deutsche Schaf. Der Kopf ist verhältnissmässig klein und nicht sehr stark gestreckt, die Stirne flach, der Nasenrücken etwas gewölbt. Die Augen sind ziemlich klein und eben so die Thränengruben, die Ohren mittellang und schmal, zusammengeklappt, zugespitzt, und meist nach seit- und etwas nach abwärts, seltener dagegen schwach nach aufwärts gewendet. Beide Geschlechter sind in der Regel hornlos, doch werden dieselben und insbesondere die Widder, bisweilen auch gehörnt getroffen. Die Form und Richtung der Hörner ist dieselbe wie beim gemeinen deutschen Schafe.

Der nicht sehr kurze, doch ziemlich dicke Hals bietet an der Vorderseite kaum eine Spur von einer Wamme dar. Der Leib ist etwas gedrungen und untersetzt, der Widerrist nur sehr schwach erhaben, der Rücken fast gerade und die abgerundete Croupe nur unbedeutend höher als der Widerrist. Die Brust ist schmal, der

Bauch rund und voll. Die Beine sind von mittlerer Höhe und
schlank, doch verhältnissmässig etwas höher als beim gemeinen
deutschen Schafe, und die Hufe kurz und stumpf. Der ringsum von
ziemlich langer schlichter Wolle umgebene, mittellange Schwanz
reicht sammt der Wolle bis etwas unter das Sprunggelenk herab. Das Gesicht, die Ohren und die Füsse, bis über das Hand-
und Fusswurzelgelenk hinauf, sind kurz und glatt anliegend behaart,
der übrige Körper aber ist dicht mit einer ziemlich langen, schlichten
und groben Wolle bekleidet, welche bei 6 Zoll in der Länge hat
und ein ziemlich geschlossenes Vliess bildet. Die Färbung bietet
mancherlei Verschiedenheiten dar. Entweder ist sie einförmig
schmutzigweiss, röthlichbraun oder schwarz, oder erscheint auch
bald röthlichbraun, bald schwarz auf weissem Grunde gefleckt. Sehr
oft sind der Kopf und die Beine hell röthlichbraun, der übrige
Körper weiss. Die Hörner sind licht bräunlich hornfarben, die Hufe
schwärzlich. Die Iris ist bräunlichgelb oder gelbbraun. Erwachsene
Thiere erreichen eine Länge von 3 Fuss 3—6 Zoll und eine Schulterhöhe von 2 Fuss bis 2 Fuss 1 Zoll.

Das schlichtwollige deutsche Schaf wird sowohl in ebenen als
gebirgigen Gegenden gezogen, doch fast stets nur auf trockenen
Weiden gehalten. Von Natur aus kräftig, ist es nur wenig empfindlich gegen die Einflüsse der Witterung, und erträgt Kälte und selbst
Nässe, da sein Vliess ungeachtet der ziemlich langen Wolle, dennoch hinreichend dicht ist. Obgleich die Pflege, welche diese Schafrace verlangt, im Allgemeinen nur gering ist, so erfordert sie doch
besseres und etwas reichlicheres Futter als das gemeine deutsche
Schaf. Wo Gelegenheit dazu vorhanden, werden die Heerden auf
bessere Weiden getrieben, während sie sich in vielen Gegenden
aber auch blos mit der auf den Stoppelfeldern zurückgebliebenen
Vegetation begnügen müssen. In diesem letzteren Falle ist es nöthig,
wenn sie gedeihen sollen, denselben in ihren Ställen noch anderes
Futter darzureichen. Man pflegt die Heerden zu allen Zeiten des
Jahres in's Freie auf die Weide zu treiben, und hält sie in der Regel
nur des Nachts und während der rauhesten Zeit des Winters zurück
in ihren Ställen.

Die Anlage zum Ansatze von Fett ist bei dieser Race ziemlich
gross, daher auch eine grosse Zahl der Widderlämmer verschnitten
und auf den Weiden gemästet wird. Mutterschafe erreichen ein Ge-

wicht von 60, Hammeln jedoch selbst von 80 Pfund. Das Fleisch ist zwar nicht besonders fett, doch sehr saftig und wohlschmeckend, weshalb es auch allenthalben, wo diese Race gezogen wird, geschätzt und sehr gerne genossen wird. Bei dem grossen Absatze, welchen dasselbe allenthalben und insbesondere in den Städten findet, stellt sich der Ertrag für die Heerdenbesitzer als sehr beträchtlich dar. Von nicht geringerem Belange ist aber auch die Wolle, die von dieser Race gewonnen wird. Dieselbe ist zwar grob, doch stark, und gleicht sich in Bezug auf Länge und Feinheit aus. Meistens wird sie als Kammwolle zu gröberem Strickgarn und Teppichen verwendet, doch werden auch häufig gröbere Tücher und andere Stoffe aus derselben gewoben. Die Schur wird in den meisten Gegenden nur einmal, in manchen aber auch zweimal des Jahres vorgenommen und überall besteht die Übung, die Schafe vor derselben zu waschen. Im Durchschnitte können 4—5 Pfund Wolle für jedes einzelne Thier einer Heerde angenommen werden und 80 — 120 Silbergulden ist der Preis, mit welchem ein Centner derselben heut zu Tage bezahlt wird.

In manchen Gegenden von Deutschland ist diese Race auch unter den Namen fränkisches, rheinisches und flämisches Schaf bekannt, und auch das sogenannte Eichsfelder Schaf aus der Landschaft Eichs- oder Eisfeld im Fürstenthume Hildburghausen gehört zu dieser Race. In den allermeisten Ländern suchte man dieselbe aber schon seit einer Reihe von Jahren her durch Kreuzung mit verschiedenen anderen Schafracen zu veredeln, wobei man jedoch stets mehr den Woll- als Fleischertrag im Auge hatte. Anfangs waren es meist das Bergamasken- und paduanische Schaf, welche man zu dieser Veredlung verwendete, später hat man aber auch das edle französische, das edle deutsche und selbst das spanische Schaf hierzu benützt. Auf diese Weise wurde in der deutschen Schafzucht ein bedeutender Umschwung erzielt und es hat sich dadurch die Cultur der Wolle in den allermeisten deutschen Ländern wesentlich gehoben.

Das Mecklenburger Schaf.
(Ovis Aries germanicus megapolitanus.)

Ovis rustica Germanica. Meklenburger Schaaf. Walther. Racen u. Art d. Schaafe. Annal. d. wetterau. Gesellsch. B II. p. 66. Nr. 4. d.

Ovis rustica Germanica. Fränkisches Schaaf. Spiegelschaaf. Walther. Racen
u. Art. d. Schaafe. Annal. d. wetterau. Gesellsch. B. II. p. 67. Nr. 4. f.
Capra Aries Rusticus Germanicus. Fisch. Syn. Mammal. p. 490. Nr. 10. γ. c.
Ovis dolichura. Var. G. Deutsches Schaf. Eigentliches deutsches Schaf. Mecklenburger Spiegelschaf. Brandt u. Ratzeburg. Medic. Zool. B. I. p. 59.
Nr. 1. G. a. δ.
Ovis dolichura. Var. G. Deutsches Schaf. Eigentliches deutsches Schaf. Fränkische Race. Spiegelschaf. Brandt u. Ratzeburg. Medic. Zool. B. I.
p. 59. Nr. 1. G. a. ζ.
Aegoceros Ovis leptura. Var. b. Deutsches Schaf. Mecklenburger Spiegelschaf.
Wagner. Schreber Säugth. B. V. Th. I. p. 1416. Nr. 12. II. b. ε.
Aegoceros Ovis leptura. Var. b. Deutsches Schaf. Fränkisches Spiegelschaf.
Wagner. Schreber Säugth. B. V. Th. I. p. 1417. Nr. 12. II. b. ζ.
Deutsches Schaf. Schmidt. Schafzucht. p. 12. Nr. 4. b. t. 5.

Das Mecklenburger Schaf, das auch unter dem Namen **Spiegelschaf** bekannt ist, kann unbedingt für eine Blendlingsrace betrachtet werden, welche aus der Kreuzung des schlichtwolligen deutschen Schafes *(Ovis Aries germanicus lanosus)* mit dem hannover'schen Schafe *(Ovis Aries germanicus hannoveranus)* hervorgegangen ist und muss sonach als ein einfacher Bastard gemischter Kreuzung angesehen werden. Es ist von derselben Grösse wie das erstere und kommt auch in seinen körperlichen Formen vollständig mit demselben überein. So wie bei diesem, werden auch beim Mecklenburger Schafe beide Geschlechter und insbesondere die Weibchen meistens hornlos angetroffen. Auch in Ansehung der Behaarung besteht zwischen diesen beiden Racen kaum irgend ein merklicher Unterschied, indem der Kopf, die Ohren und die Beine, bis über das Hand- und Fersengelenk hinauf, kurz und glatt anliegend behaart sind, der übrige Körper aber von einer mässig langen, schlichten groben Wolle bedeckt wird, welche bis 6 Zoll in der Länge hält. Das einzige Merkmal wodurch sich diese beiden Racen von einander unterscheiden, ist die Färbung, indem beim Mecklenburger Schafe das Vliess bräunlich- oder schmutzig gelblichweiss gefärbt ist, und der Kopf und die Beine aber regelmässig mit dunkelbraunen oder schwarzen Abzeichen versehen sind. Gewöhnlich wird das Auge von einem braunen oder schwarzen Ringe umgeben, und auf dieses Merkmal gründet sich der Name **Spiegelschaf**.

Diese Race wird vorzugsweise in Mecklenburg gezogen, doch ist ihre Zucht keineswegs auf dieses Land allein beschränkt, sondern es wird dieselbe auch in mehreren anderen Ländern von Deutschland betrieben. Sehr häufig ist sie aber im Fränkischen anzutreffen, wo man zahlreiche Heerden von derselben unterhält und die Mehrzahl der daselbst gehaltenen Schafe dieser Race angehört. Die Pflege, welche dieselbe erfordert, ist im Allgemeinen nur gering, doch verlangt sie zu ihrem Gedeihen etwas reichere Nahrung als das gemeine deutsche oder Zaupelschaf. Gegen die Einwirkung der Witterung ist sie nur wenig empfindlich, da sie durch das ziemlich dichte Vliess, ungeachtet der verhältnissmässig langen Wolle, hinreichend gegen Nässe und Kälte geschützt ist. Aus diesem Grunde wird sie auch häufig selbst bei ungünstiger Witterung in's Freie auf die Weide getrieben, und blos während der Nacht und zur Zeit der grösseren Kälte, so wie manchmal auch während der heissen Mittagsstunden im Sommer, in ihren Ställen zurückgehalten.

Zu den Hauptvorzügen dieser Race gehört ihre grosse Mästungsfähigkeit und hierin kommt sie mit dem schlichtwolligen deutschen Schafe völlig überein. Die Mehrzahl der Widderlämmer ist zum Schlachten bestimmt und ein sehr grosser Theil derselben wird alljährlich verschnitten, grossgezogen und gemästet. Solche gemästete Hammeln erreichen ein Gewicht von 80 Pfund, während die Mutterschafe selten mehr als 60 Pfund schwer werden. Das Fleisch ist fett, saftig und wohlschmeckend, wiewohl es in Bezug auf Feinfaserigkeit weit hinter dem mancher anderer Schafracen zurücksteht. Nebst dem Fleische ist es die Wolle, welche die Zucht dieser Race in den Ackerländern von Deutschland empfiehlt. Die Wolle ist zwar grob, doch stark und gleicht sich auch in Bezug auf Länge und Feinheit aus. Die Menge, welche ein einzelnes Schaf von dieser Race liefert, kann durchschnittlich des Jahres auf 4—5 Pfund angeschlagen werden und ein Centner dieser Wolle wird dermalen mit 60—70 Silbergulden bezahlt. Die Hauptverwendung derselben besteht in der Verfertigung von gröberem Strickgarne, doch werden häufig auch Teppiche und grobe Tücher aus derselben gewoben. Im Fränkischen wird diese Race schon seit geraumer Zeit her durch halbedle und edle deutsche, durch paduanische, Bergamasken- und selbst spanische Widder veredelt.

Das halbedle deutsche Schaf.

(*Ovis Aries germanicus subnobilis.*)

Ovis rustica Germanica. Hannövrisches Schaaf. Halbgut. Walther. Racen u. Art. d. Schaafe. Annal. d. wetterau. Gesellsch. B. II. p. 66. Nr. 4. e. ee. *Capra Aries Rusticus Germanicus.* Fisch. Syn. Mammal. p. 490. Nr. 10. γ. e. *Ovis dolichura. Var. G. Deutsches Schaf. Eigentliches deutsches Schaf. Hannövrische Race. Halbgut.* Brandt u. Ratzeburg. Medic. Zool. B. I. p. 59. Nr. 1. G. a. γ. ββ.

Das halbedle deutsche Schaf, das von vielen Ökonomen auch mit der Benennung Halbgut bezeichnet wird, ist eine Blendlingsform, die auf der Vermischung des schlichtwolligen deutschen Schafes (*Ovis Aries germanicus lanosus*) theils mit dem Berry-Schafe, (*Ovis Aries gallicus biturensis*), theils mit dem edlen französischen Schafe (*Ovis Aries gallicus nobilis*) beruht und daher entweder ein Halbbastard oder ein einfacher Bastard gemischter Kreuzung. Es ist zwar grösser als die beiden letzteren, doch beträchtlich kleiner als das erstere und steht in Ansehung seiner Formen zwischen seinen Stammracen in der Mitte. Die verhältnissmässig ziemlich kleinen Ohren sind nach seit- und häufig auch etwas nach aufwärts gerichtet. Wie bei den beiden Stammracen, sind auch bei dieser die Widder sowohl als Mutterschafe in der Regel hornlos. Die nicht besonders kurze, doch ziemlich dichte und deutlich gekräuselte Wolle ist von mässiger Feinheit und Weichheit. Der Scheitel und die Wangen zeigen eine schwache wollige Bedeckung. Die Farbe ist meistens einförmig schmutzig- oder gelblichweiss, seltener dagegen schwarz oder rothbraun und noch seltener buntscheckig aus einer oder der anderen dieser beiden Farben auf weissem Grunde gefleckt.

Das halbedle deutsche Schaf wird hauptsächlich in den Rheingegenden und in Hannover angetroffen, obgleich es auch in anderen deutschen Ländern hie und da gezogen wird. Seine Haltung erfordert keine besondere Sorgfalt und auch in der Nahrung zeigt es sich ziemlich genügsam. Doch muss es im Winter und auch bei schlechter Witterung im Sommer in den Ställen zurückgehalten werden, da es weit empfindlicher als das schlichtwollige deutsche Schaf, gegen die Einflüsse der Witterung ist. Seine Wolle ist zwar viel weniger als die des Berry- und edlen französischen Schafes geachtet, doch steht sie jedenfalls in einem weit höheren Preise als jene seiner deutschen Stammrace. Überhaupt bildet die Wolle, welche zu halbfeinen Tüchern verwendbar ist, den Hauptnutzen dieser veredelten Race, wiewohl auch das Fleisch derselben einen nicht unbeträchtlichen Ertrag abwirft.

Das edle deutsche Schaf.
(Ovis Aries germanicus nobilis.)

Ovis rustica Germanica. Sächsisches Schaaf. Walther. Racen u. Art. d. Schaafe. Annal. d. wetterau. Gesellsch. B. II. p. 66. Nr. 4. e.

Ovis rustica Bohemica. Feines böhmisches Schaaf. Walther. Racen u. Art. d. Schaafe. Annal. d. wetterau. Gesellsch. B. II. p. 68. Nr. 5. b.

Capra Aries Rusticus Germanicus. Fisch. Syn. Mammal. p. 490. Nr. 10. γ. c.

Capra Aries Rusticus Bohemicus. Fisch. Syn. Mammal. p. 490. Nr. 10. γ. d.

Capra Aries Rusticus Ungaricus. Fisch. Syn. Mammal. p. 490. Nr. 10. γ. e.

Ovis dolichura. Var. G. Deutsches Schaf. Eigentliches deutsches Schaf. Sächsische Race. Brandt u. Ratzeburg. Medic. Zool. B. I. p. 59. Nr. 1. G. a. c.

Ovis Aries domesticus rusticus bohemicus. Fitz. Faun. Beitr. z. Landesk. Österr. B. I. p. 321.

Ovis Aries domesticus rusticus hungaricus. Fitz. Fauna. Beitr. z. Landesk. Österr. B. I. p. 321.

Ovis aries stirps hispano-rustica. Reichenb. Naturg. Wiederk. t. 54. f. 307.

Das edle deutsche Schaf, die vorzüglichste unter allen Schafracen in Deutschland, ist eine Bastardform, welche auf der Vermischung des schlichtwolligen deutschen Schafes *(Ovis Aries germanicus lanosus)* theils mit dem reinen unvermischten spanischen Schafe *(Ovis Aries hispanicus)*, theils mit dem edlen spanischen Schafe *(Ovis Aries hispanicus nobilis)* oder den Merino-Schafen beruht und daher bald ein Halbbastard reiner, bald ein einfacher Bastard gemischter Kreuzung. Diese Race, welche beinahe dieselbe Abstammung wie das Berry- und das edle französische Schaf hat, zeigt auch grosse Übereinstimmung mit diesen beiden Racen in ihren äusseren Formen. Es ist jedoch grösser als dieselben und übertrifft hierin auch selbst das spanische Schaf. Sein Kopf ist länger als bei diesem und auch minder hoch. Die Stirne ist platter und der Nasenrücken weniger gewölbt. Die Augen sind etwas grösser, die Thränengruben kleiner, die Ohren jedoch beinahe von derselben Bildung und Richtung. Die Widder sind häufiger, die Mutterschafe aber fast niemals gehörnt. Die Hörner der Widder sind schwächer und auch etwas kürzer als beim spanischen Schafe, und unterscheiden sich auch durch das weitere Schneckengewinde von denselben. Der Hals ist länger und dünner, die Haut desselben kaum häufig gefaltet und die Wamme, welche sich bisweilen von der Kehle bis zur Brust an der Vorderseite desselben herabzieht, tritt auch bei Weitem nicht so stark wie beim spanischen Schafe hervor. Der Leib ist etwas mehr gestreckt und minder voll, der Rücken schmäler, und die Beine sind höher und auch schlanker als bei diesem gebaut. Dagegen ist kein Unterschied in der Länge und Bildung des Schwanzes, und eben so wenig in der Art der Behaarung, die so wie beim spanischen Schafe, sich auch über den Scheitel und die Wangen ausdehnt, nur ist die sehr regelmässig gekräuselte Wolle des dichten Vliesses minder fein. Die Färbung ist meistens schmutzig gelblichweiss und der schwache fettige Anflug, welcher sich fast krustenartig auf der Oberfläche des Vliesses ablagert, ist bald von gelbbräunlicher in's Grauliche ziehender Farbe, bald dunkelbraun und etwas in's Schwärzliche fallend.

Die Unterschiede, welche sich bei den einzelnen Zuchten dieser Race ergeben, beruhen theils auf der Verschiedenheit der spanischen Racen, welche zur Kreuzung verwendet wurden, theils aber auch auf der mehr oder weniger wiederholten Anpaarung derselben. Je öfter die Nachzucht mit ihren spanischen Stammvätern gekreuzt wird, desto mehr wird sie veredelt und schliesst sich auch in ihren äusseren Formen denselben an. Aus diesem Grunde gibt es viele Zwischenstufen unter dieser Race, welche mehr oder weniger, sowohl in der Körperform, als auch in der Beschaffenheit der Wolle von einander abweichen, die sich aber durchaus nicht scharf von einander abgrenzen lassen und nur als verschiedene Schläge einer und derselben Race zu betrachten sind.

Das edle deutsche Schaf wird hauptsächlich in Süd- und Mittel-Deutschland, so wie in Österreich, Böhmen, Mähren, Schlesien und Ungarn gezogen, und in Deutschland sind es vorzüglich Sachsen und Würtemberg, wo sich die ausgezeichnetsten Zuchten desselben finden. Überall verwendet man viele Sorgfalt auf die Pflege, um möglichst grosse Feinheit in der Wolle zu erzielen, indem der Gewinn sich nach der Güte derselben richtet und die Wolle offenbar den Hauptertrag der Zuchten bildet. Die Schafe dieser Race werden allenthalben, wo sie gezogen wird, vor der Schur gewaschen, niemals pflegt man dieselben aber zu melken, da nach den Erfahrungen, welche man hierüber gemacht, die Wolle dadurch nur verschlechtert wird.

Die dritte Abtheilung dieser Abhandlung soll in einem der nächsten Hefte der Sitzungsberichte folgen. Sie wird mit dem englischen Schafe beginnen, dessen zahlreiche Racen einen zu grossen Raum in Anspruch genommen haben würden, wenn sie noch in dieses Heft hätten aufgenommen werden sollen.